The Eternal Spring

Sarchashma-e-abadi

First published in India in 2008 by
MapinLit
An Imprint of
Mapin Publishing

Simultaneously published in the
United States of America in 2008 by
Grantha Corporation
77 Daniele Drive, Hidden Meadows
Ocean Township, NJ 07712
E: mapinpub@aol.com

Distributed in North America by
Antique Collectors' Club
East Works, 116 Pleasant Street, Suite 18
Easthampton, MA 01027
T: 1 800 252 5231 • F: 413 529 0862
E: info@antiquecc.com • www.antiquecollectorsclub.com

Distributed in the United Kingdom and Europe by
Marston Book Services Ltd.
160 Milton Park, Abingdon
Oxon OX14 4YN UK
T: 44 (0) 1235 465500 • F: 44 (0) 1235 465555
E: direct.orders@marston.co.uk • www.marston.co.uk

Distributed in Southeast Asia by
Paragon Asia Co. Ltd.
687 Taksin Road, Bukkalo, Thonburi
Bangkok 10600 Thailand
T: 66 2877 7755 • F: 2468 9636
E: info@paragonasia.com

Distributed in the rest of the world by
Mapin Publishing Pvt. Ltd.
10B Vidyanagar Society Part I
Usmanpura, Ahmedabad 380 014 INDIA
T: 91 79 2754 5390/2754 5391 • F: 2754 5392
E: mapin@mapinpub.com • www.mapinpub.com

ISBN: 978-81-88204-89-2 (Mapin)
ISBN: 978-1-890206-73-4 (Grantha)

Designed by Gopal Limbad/Mapin Design Studio
Edited by Zubair Qureishi/Mapin Editorial
Printed in India

The Eternal Spring

Sarchashma-e-abadi

Idrak Bhatty

MapinLit

AN IMPRINT OF
MAPIN PUBLISHING

Content

Foreword

By Qurat-ul-Ain Haider
(Translated from Urdu)

All Urdu poetry from the early days to the modern, and the contemporary, is a universe of lustrous pictures that presents in words of varying hue both a delicacy of thought and depth of meaning. The inner world of the poet and life around him are illumined by an enchanting exposé in a picture gallery of verse. Every word, every simile and metaphor, bear within a whole world of meaning, and this is the virtue of a great language that represents a celebrated civilization. Urdu is not a one-dimensional language either; its words and meanings, like hidden treasures, reside in the mystery-filled palaces of such a civilization. A language may be used in daily parlance but if its name is changed, after a period of time its uniqueness disappears and linguists declare it a dead language. This is what happened to Coptic after the dominance of Arabic. Though the true language of Egypt, it is now used only in prayers in Coptic churches. Today, we do not even know what the language that the intelligent and perspicacious people of Egypt spoke, sounded like. It was by employing an ancient Persian translation of a pictorial script as the key, that scholars of Europe read the ancient Egyptian passages.

Indian civilization, like the Egyptian, is ancient and full of mysteries. Even today, it is resplendent in the background of the modern era. One can still hear the notes of the flute of Brindaban. Songs sung in Oudh in the Middle Ages are acclaimed even today. It is a shining example of historic continuity.

Like most Indians of the present age, Idrak ul Zaman Bhatty too has been nurtured in both Eastern and Western cultures. This particular feature has been the hallmark of Eastern colonial culture over the past three hundred years. The poetry of Idrak ul Zaman Bhatty is a representative voice of this culture. The mode of expression in his poems has its own distinctive identity. The rhythm and idiom of the poems reflect present-day awareness. The originality of style deserves to be especially noticed. Examples of a verbal expression of the state described in art as Impressionism are also found in Bhatty's poetry.

basi huyi sanober ki mahek
jungal mein dooba hua suraj
is kohsaar ki khamosh nava mein
aik hi raag ke sur hein.

These lines reflect subtlety of thought and an acclamation of the environment. When a poet is absorbed in ambling through the flowery valley of his thoughts, the backdrop of his own life is also a part of his memory. Natural scenes, jungles, deserts, mountains and rivers, the sea and snow-bound vistas, all, or their changing aspects, are present on this universal stage. They are companions and fellow travellers of the poet and participate in the drama of his personal life. The poet listens to them and also speaks to them. Flowers and birds understand his language well. Have you ever observed, while sitting quietly in your room or under a tree, a bird that perches close to you? For a few seconds, gazes at you intently and then, shaking its head as if in agreement, flies away and you will never know to how many birds it carries your unspoken words.

aur pighalti huyi tanhayi

na jane kitne haseen lamhe
qaflon mein guzar gaye

Pighalti huyi tanhayi, lamhaat ke guzarte huye qafle, pahadron mein bhatakta hua inqalab, khauf ke taalu, aankhon mein zinda dafn hune wala noor, are very elegant images.

yeh kiya hua
ke alfaaz ke chund chheenton ne
vaqt se sadiyan chheen leen

magar shabnam to aik nannha saa
gehvara hai kirnon ka

In Bhatty's poetry, one repeatedly comes across imagery of this type.

kiya mila hai vaqt ko girvi rakh kar
kiya mila hai vaqt ko girvi rakh kar
kaun se sitare todr laye tum
ke chaandani mein ab dil machulta nahin

zaheen hain hqseen hain maahir hain
lekin sab arder par banein hain

aur baandh do ghunghroo
aman ke pairon mein

dukh ki baitthi huyi rait
massurat ke aabshaar

maazi ke hathon se nikal kar
baazgusht ki galion se guzarte

noor ke shaffaf baadal
nurm ujalon ki baucchaar

The poems are studded with beauteous imagery of this kind. C*hahat ki baarish, shaam teher gayui dariya ke kinare,* has an element of drama which echoes Mir Anees.

jhutputa vaqt hai behta hua dariya tthehra (Mir Anees)

Here, *baadal sitaron ko apni jholi mein bhar kar le jate hain*:

vaqt
aa ke jaane par majboor
guzarta raha

aik paakeeza si udaasi
jaise bahut bhalla insaan koi
jhutpute mein
aahista se guzar jaye

vaqt ka daamun

ruke lamhein
raat ke kangooron par
muntazir hain
havaa ke sabz hathon ka lums
jaise nannha navaasa koi
nana ka chehra tatole

udren ge shaakh se chidryon ke jhund
khidrkiyon se log jhankein ge

These lines bring to mind the painting of some Dutch Master. There is a strange and mysterious metaphysical relationship that exists in art and literature that cannot be explained, but only felt.

tapkein gi tab boondein
patton se reh reh kar

This line reminds me of a mango grove in Oudh.

jhaale ke baad jis tarha
sur saaz se tapkein...

An extraordinary simile:

jis tarha katore mein chaandi ke
bharein hon phool chameli ke
aur saara karma mehak utthe

haveli mein umangon ki rangoli bun ke jaao gi
dhanuk ke rung aangun mein tumhare jhuk ke aayein ge

Umangon ki haveli is a delicate metaphor and *baani-e-shafqat* an uncommon title for God.

tammaam gile shikwe
murjhaye patton ki tarah
jhadr gaye chahat ki baarish mein

Where *tammaam gile shikwe chahat ki bearish mein jhar jate hein, chahat ki baarish* is a novel pictorial metaphor. This is the kind of poetry that can be easily rendered into English without hurting its poetic quality, because it is free of the often unnecessary embellishments common to all of Eastern poetry.

ghunti baaje mundir mundir saara sabza shabnum shabnum
rusmus rusmus patte patte rind-e-kohun shajar shajar

These lines are an excellent example of simplicity and artistry:

qaus-e-qaza titli titli sehan-e-chaman punkh punkh
saara aalam chandi chandi daaman-e-shub makhmul makhmul

Repeatedly, we come across beautiful sculpting in this collection of poems.

The poetry of Idrak ul Zaman Bhatty has added a fresh and fascinating new path in the garden of Urdu poetry. His verse appeals to the heart as well as the mind and is written not out of obligation, nor to conform to custom, but from the depths of the heart. For the connoisseurs of poetry, this book is certainly a gift of great value.

Read and enjoy.

Qurat-ul-Ain Haider

Introduction

My surname would lead one to assume that I am a Rajput Hindu; my name suggests I am a Muslim; in reality I am a Christian. This might as well be a simple coincidence, but it certainly is also a reflection of the reality of India's composite culture I am proud to belong to.

Among the personalities that influenced me during my youth, my parents hold a commanding place, but I hero-worshipped my maternal grandfather. During my childhood, he claimed this position on account of his love for horses, his excellent horsemanship and the many stories of bravery that were widely known about him. Later, as I grew older and recognized other aspects of his personality, it was the manner in which his spiritual, intellectual and physical attributes combined in him that made him the object of hero-worship. It appeared as though he had full confidence in the basic goodness of life, and the firm hands which put him in control of his life were the same with which he had embraced it. There was an inner strength in him that led him to live a full life, one that was imbued with transparency and compassion.

My grandfather chose his religion after search and study. And soon after having made his choice, he decided to become a conventional Christian *sadhu* and go around villages preaching. This he did for a few years, until he came to the conclusion that it was not proper to offer spiritual food to people with hungry stomachs. Having come to this conclusion, he returned home and engaged himself in following its dictates.

When I came to know him, he was a middle-level landlord and also the pastor of the church he had built along the boundary wall of his compound in the village. People who had the privilege of being led by him were not economically equal, but everyone was assured of the help needed to achieve the maximum in accordance with their ability, labour and resources.

For my grandfather, fighting poverty and doing his absolute best to remove it, was a singularly important part of his spirituality. Therefore, there were no signs of hunger or destitution in his village. There was a sense of well-being all around. People relied on cooperation and mutual help. My grandfather's leadership did not rest on a tough, aggressive approach, but on instruction and personal example. This is why the impact of caste difference was not visible in social relations. And despite having people of different religions live in the village, there was no intolerance or communal tension. In light of all this, it was not surprising, therefore, that my grandfather's personality, the state of social relations in his village and the manner in which it had been brought about, came to acquire a paradigmatic status for me.

Daily gathering for worship was customary in our home. A chapter, usually from the New Testament, was read from the Urdu Bible and my mother said the prayers in the same language. This is how I was introduced to literary Urdu.

While there was certainly an emphasis on religion in our home, doubt and difference in opinion were not only accepted, but viewed as essential for understanding religion and for strengthening one's faith. Consequently, debating religious issues (as well as other issues) was common and when Christian *sadhus*—all of whom stayed with us while visiting Allahabad—also joined in the debate, its standard rose considerably. All these *sadhus* were well educated and were not associated with any religious organization. In their theology, there was no place for Western culture; instead, there was evidence of the influence of mystic thought. I was greatly impressed by their humility, warmth and spirituality.

My father was a professor of economics. He had participated in the freedom struggle, after which he involved himself in many human welfare projects. It was my father who had infused in me the ambition for higher education and the desire to understand economic and social issues. Consequently, the time I spent as a student in various universities in India and abroad was somewhat long. This gave me the opportunity to get acquainted with different strands of thought, points of view and theories and also to broaden my mental horizon.

Through this intellectual journey I had to confront many questions whose existence, till then, I was not aware of. Soon I realized that answering these questions satisfactorily was the only way to proceed, stage by stage, on this journey.

The first question that surfaced in my mind was the same that my grandfather had faced in his youth: is the accident of birth the basis for a person's religion? Clearly, to answer this question it was necessary that I increase my knowledge to an appreciable degree about the thinking and faith of the religions that adorn the Indian civilization. Hence, I did precisely this and learnt a lot in the process. Particularly I gained on two levels: firstly, I got the opportunity of understanding my own religion thoroughly; secondly, I worked out humility and the capability of giving proper respect and value to other religions. In addition, I also came to the conclusion that whatever personal or social needs religion may fulfill for an individual, what one really wants from it is mental peace and spiritual joy. But why or to what extent one wants this, and the means adopted to reach this goal, are essentially a personal matter everyone should respect.

Why did I choose Christianity as my religion? The reason lies in two of the commandments: 'Love thy Lord your God with all your heart, with all your soul, with all your mind and with all your strength,' and 'Love your neighbour as you love yourself.' Helping a person in need is proof that that person is a neighbour. There are no restrictions of religion, nationality, caste, gender, colour of skin or financial status. The two commandments are like twins whose separate existence is not possible. They are the source of all morality and contain in themselves the basis for all religion.

Principles that act as guides in matters of personal faith need not necessarily be the same principles that provide guidance in social matters. The special feature of love between a human being and God and between two fellow humans is that it can simultaneously be a guide for personal faith as well as for social togetherness, welfare and development. This completeness of love is very meaningful. But what I wanted to know was whether love was a fundamental truth and the ultimate reality. For this I needed intellectual reasons.

I looked for these reasons in science and philosophy, because these were the branches of knowledge which had enjoyed a close relationship for centuries, specially in Western countries. Following science, rationalism held sway in the 19th-century philosophy. The prevailing principles of physics dominated. But in the first half of the 20th century, thinking in both science and philosophy went through a radical change because of the scientific discoveries in the fields of physics and biology specially. For example, a new concept of time came into existence, in which the conventional time, measured by the day and night alternation, became just an aspect of time, while space and time ceased to have a separate existence. Methodology used in scientific analysis no longer enjoyed a monopolistic position. The realityof matter was no more in matter because the reality of matter itself was in question.

The new scientific findings had a great impact on philosophy. A movement was initiated to give precedence to organic over mechanical principles and to emphasize intuitive reasoning in order to undermine the rational or empirical. And this movement was not in opposition to scientific findings, but in harmony with the most recent developments.

The philosopher in whose thought I found the arguments I was looking for was Northhead. His original academic discipline was physics and he was fully acquainted with the discoveries in this field. Northhead argued that the universal and eternal principle of existence was interaction. This theory had its roots in the Particle Theory of physics.

Northhead distinguished between humans, who are blessed with life, and the world of matter or lifeless nature. He argued that the reality of lifeless nature consists in the interaction of subatomic particles which cannot be seen or felt by the senses, and does not exist independently of the mind. The distinguishing human feature is life. The proof of this lies in the fact that man is sensitive to beauty and is not only influenced by creative expression but is also blessed with the power to express himself creatively. Just as the interaction of subatomic particles in matter constitutes its reality, human interaction, characterized by the quality of beauty or creative expression, constitutes the reality of life. And where the beauty of this interaction is replaced by ugliness, the opposite of life can be found.

Just like energy makes interaction possible in the lifeless nature, language, by conveying the urge to express, which is fundamental and eternal, gives rise to human interaction. But it is not that language which everyone learns in childhood; it is the eternal and universal principles of language which, according to Chomsky, are common to all languages, and every child is born with knowledge of them. The creative energy that, through this knowledge, translates the urge to express into a beautiful interaction, could be called *kalaam** and it is universal and eternal. The energy that gives birth to a beautiful interaction and unfolds the reality of life by converting an urge to express

---

**Kalaam* in Urdu means utterance, but common usage interprets it as creative expression.

into an expression of thought, is nothing else but love; for no relationship can be beautiful or creative without love. This also proves that the reality of *kalaam* and love are not independent of each other.

In viewing creative energy as *kalaam* I was guided by the first verse of the Gospel according to St John, which says: 'In the beginning was the Word [*kalaam* in the Urdu Bible], and the Word was with God, and the Word was God.'

The thoughts I have presented here have been expressed in a different way in my poem '*Kalaam*'.

Idrak ul Zaman Bhatty

عائشہ، لائیلا، ارمان اور دانیال

میرے نواسیوں اور نواسوں

کے نام

میں بہت ممنون ہوں

اپنی شریک حیات زرینہ کا جن کی داد سے میری شاعری جاگی۔ کرن، نکہت ان کے شوہر اور ان کے دوستوں کا جو وقت بے وقت میرے شعر سنتے رہے اور مجھے اپنی شاعری شائع کرنے پر مجبور کرتے رہے۔ سوہیل کا جنکے بغیر دیونا گری تحریر کی غلطیوں کو درست کرنا میرے لئے ممکن نہ تھا اور خصوصاً ٹوم کا جو برسوں میری نظمیں اسٹیج سے سامعین تک پہونچاتے رہے اور جن کے بغیر یہ کتاب شاید شائع نہ ہوتی۔

ترتیب

پیش لفظ

ساری اردو شاعری قدما اور متاخرین سے لے کر دورِ حاضر تک ایک ایسی مصور اور منور کائنات ہے جس کا پتا پتا بوٹا بوٹا نازک خیالی اور معنی آفرینی کے ساتھ الفاظ کے گوں ناگوں رنگوں میں پیش کیا گیا ہے۔ یہاں شاعر کی اندرونی دنیا اور ظاہری زندگی اشعار کی پکچر گیلری میں انوکھے انداز سے اجاگر کردی جاتی ہے۔ ہر لفظ اور ہر تشبیہ واستعارہ ایک جہانِ معانی اپنے اندر رکھتا ہے اور یہ ایک بڑی زبان کا وصف ہے کیونکہ وہ زبان ایک رچی ہوئی تہذیب کی نمائندگی کرتی ہے۔ چنانچہ اردو بھی ایک اکہری زبان نہیں ہے۔ اس کے الفاظ ومعانی پوشیدہ خزانوں کی طرح اس تہذیب کے پُراسرار محلات میں موجود ہیں۔ یہ زبان عام بول چال میں مستعمل رہے لیکن اس کا نام مختلف ہوجائے تو کچھ عرصے کے بعد اس کی خصوصیات بھی غائب ہوجائیں گی اور ایک مدت کے بعد ماہرینِ لسانیات اُسے ایک مردہ زبان قرار دیں گے جیسا کہ عربی کے تسلط کے بعد مصر کی اصلی زبان قبطی کے ساتھ ہوا جواب محض قبطی کلیسا کی دعاؤں میں استعمال کی جاتی ہے۔ ہمیں آج یہ بھی معلوم نہیں کہ مصرِ قدیم کے وہ ذہین اور طباع لوگ جو زبان بولتے تھے، اُس کی آوازیں کیسی تھیں۔ ایک تصویری تحریر کے قدیم یونانی ترجمے کو اپنی کلید بنا کر علمائے یوروپ نے اِن مصری عبارتوں کو پڑھا۔

مصری تہذیب کی طرح ہندوستانی تمدن بھی اتنا ہی قدیم اور تہہ در تہہ اسرار سے پُر ہے اور ہندوستان کے دورِ حاضر کے پس منظر میں آج بھی جلوہ گر ہے۔ برندابن کی بانسری کے سُر آج بھی سنائی دے جاتے ہیں اور اودھ میں گائے عہدِ وسطیٰ کے گیت آج بھی اسی طرح مقبول ہیں۔ عالمی تہذیب میں تاریخ کے تسلسل کی یہ ایک درخشاں مثال ہے۔

ادراک الزماں بھٹی دورِ حاضر کے ہندوستان کے بیشتر باشندوں کی طرح ہندوستانی اور مغربی دو تہذیبوں کے پروردہ ہیں اور یہ خصوصیت تین سو سال سے کلونیل مشرق کی تمدنی پہچان رہی ہے۔

ادراک الزماں بھٹی کی شاعری اسی تہذیب کی ایک نمائندہ آواز ہے۔ موصوف کی نظموں کا لہجہ اپنی علیحدہ شناخت رکھتا ہے۔ اُن نظموں کا آہنگ اور لہجہ عصری آگہی کا ترجمان ہے۔ اندازِ بیان کی جدت بالخصوص قابلِ توجہ ہے۔ آرٹ کی اصطلاح میں Impressionism کی جس کیفیت کو الفاظ میں بیان کیا جائے اس کی مثالیں ہم کو بھٹی صاحب کی شاعری میں بھی مل جاتی ہیں۔

بسی ہوئی صنوبر کی سبز مہک
جنگل میں ڈوبا ہوا سورج
اس کوہسار کی خاموش نوا میں
ایک ہی راگ کے سُر ہیں

یہ مصرعے نازک خیالی اور فضا آفرینی کے عکاس ہیں۔ ایک شاعر جب اپنے خیالستان کی وادی میں مصروفِ گلگشت ہوتا ہے، اس کی اپنی زندگی کا پس منظر بھی اُس کے حافظے میں شامل رہتا ہے۔ مناظرِ قدرت، جنگل، صحرا، کوہسار اور ندیاں، سمندر اور برفستان وہ سارے نظارے اِس آفاقی اسٹیج پر موجود ہیں یا اُن کے سین بدلتے رہتے ہیں۔ یہ سب شاعر کے ساتھی اور ہمراہی ہیں اور سب اس کے ذاتی ڈرامے میں شریک ہیں۔ شاعر اُن کی بات بھی سنتا ہے اور اپنی بات انہیں سناتا ہے۔ پھول اور پرندے اور تتلیاں تو اُس

کی زبان خوب سمجھتے ہیں۔ کبھی آپ نے غور کیا ہے کہ اگر آپ ایک کمرے میں یا درخت کے نیچے خاموش بیٹھے ہوں تو ایک چڑیا آ کر آپ کے پاس بیٹھ جائے گی۔ چند لحظوں تک آپ کو دھیان سے دیکھے گی پھر اپنا سر ہلا کر گویا اتفاق رائے ظاہر کر کے پھُر سے اڑ جائے گی۔ اب آپ کو تو معلوم بھی نہیں لیکن وہ آپ کی ان کہی بات سن کر کن کن پرندوں تک پہنچا دے گی۔

اور پگھلتی ہوئی تنہائی

نہ جانے کتنے حسین لمحے
قافلوں میں گزر گئے

پگھلتی ہوئی تنہائی، لمحات کے گزرتے ہوئے قافلے، پہاڑوں میں بھٹکتا ہوا انقلاب، خوف کے تالو، آنکھوں میں زندہ دفن ہونے والا نور، نہایت بلیغ اشارے ہیں ۔

یہ کیا ہوا
کہ الفاظ کے چند چھینٹوں نے
وقت سے صدیاں چھین لیں

مگر شبنم تو ایک ننھا سا
گہوارہ ہے کرنوں کا

موصوف کی شاعری میں اِس نوع کے معاملے جابجا نظر آتے ہیں۔

کیا ملا ہے وقت کو گروی رکھ کر
کون سے ستارے توڑ لائے تم
کہ چاندنی میں اب دل مچلتا نہیں

ذہین ہیں حسین ہیں ماہر ہیں
لیکن سب آرڈر پر بنے ہیں

اور باندھ دو گھنگرو
امن کے پیروں میں

دُکھ کی بیٹھی ہوئی ریت
مسرت کے آبشار

ماضی کے ہاتھوں سے نکل کر
بازگشت کی گلیوں سے گزرتے

نور کے شفاف بادل
نرم اجالوں کی بوچھار

یہ اور ایسی بہت سی دلپذیر تراکیب نے نظموں کو مرصع کیا ہے۔

چاہت کی بارش

شام ٹھہر گئی دریا کنارے پر شکوہ ڈراما ہے جس میں میر انیس کی گونج سنائی دیتی ہے ۔

جھٹپٹا وقت ہے بہتا ہوا دریا ٹھہرا (میر انیسؔ)

یہاں بادل ستاروں کو اپنی جھولی میں بھر کے لے جاتے ہیں ۔

وقت
آ کے جانے پر مجبور
گزرتا رہا

ایک پاکیزہ سی اداسی
جیسے بہت بھلا انسان کوئی
جھٹپٹے میں
آہستہ سے
گزر جائے

وقت کا دامن

رُکے لمحے
رات کے کنگوروں پر
منتظر ہیں
ہوا کے سبز ہاتھوں کا لمس
جیسے ننھا نواسہ کوئی
نانا کا چہرہ ٹٹولے

اُڑیں گے شاخ سے چڑیوں کے جھنڈ
کھڑکیوں سے لوگ جھانکیں گے

مجھے اس شعر میں اچانک کسی لٹل ڈچ ماسٹر کی ایک پینٹنگ تصور میں آگئی۔ ادب اور آرٹ کا یہ ایک عجیب وغریب پُراسرار مابعد الطبیعات رشتہ ہے جس کی وضاحت نہیں کی جاسکتی محض محسوس کیا جاسکتا ہے

ٹپکیں گی تب بوندیں
پتوں سے رہ رہ کر

یہ تصویر اودھ کے کسی باغ انبہ کی یاد دلاتی ہے

جھالے[1] کے بعد جس طرح
سُر ساز سے ٹپکیں

غیر معمولی تشبیہ ہے ۔

جس طرح کٹورے میں چاندی کے
بھرے ہوں پھول چنبیلی کے
اور سارا کمرہ مہک اٹھے

حویلی میں امنگوں کی رنگولی بن کے جاؤ گی
دھنک کے رنگ آنگن میں تمہارے جھک کے آئیں گے

امنگوں کی رنگولی ایک نفیس استعارہ ہے۔ بانیِ شفقت خدا کے لیے ایک غیر معمولی خطاب ہے ۔

تمام گلے شکوے
مرجھائے پتوں کی طرح
جھڑ گئے چاہت کی بارش میں

---

(۱) اِس پر مجھے ایک غیر متعلق بات یاد آ گئی۔ ہمارے ریزیڈینٹ استاد یوسف خاں رام پور کے پٹھان تھے لہٰذا وہ ستار کے جھالے کو نہایت دبنگ سے ٹھونک جھالا کہتے تھے۔

جہاں تمام گلے شکوے چاہت کی بارش میں جھڑ جاتے ہیں۔ چاہت کی بارش ایک انوکھا تصویری استعارہ ہے۔ یہ اس قسم کی شاعری ہے جسے بآسانی انگریزی میں اُس کی شعریت مجروح کیے بغیر منتقل کیا جاسکتا ہے کیونکہ یہ مشرقی شاعری کے اکثر غیر ضروری بناؤ سنگار سے عاری ہے۔

گھنٹی باجے مندر مندر سارا سبزہ شبنم شبنم
رمس رمس پتے پتے رند کہن شجر شجر

یہ اشعار سادگی اور پُرکاری کی عمدہ مثال ہیں:

قوسِ قزح تتلی تتلی صحنِ چمن پنکھ پنکھ
سارا عالم چاندی چاندی دامنِ شب مخمل مخمل

حسین پیکر تراشی ہمیں اس مجموعے میں جابجا ملتی ہے۔

ادارک الزماں بھٹی کی شاعری نے خیابانِ اردو میں ایک نئی پُر فضا روش کا اضافہ کیا ہے۔ موصوف کا کلام دل و دماغ دونوں کو متاثر کرتا ہے اور یہ محض تکلفاً یا رسماً نہیں بلکہ دل کی گہرائیوں سے لکھا گیا ہے۔ اہلِ نظر کے لیے یہ کتاب یقیناً ایک گرانقدر تحفہ ہے۔ ملاحظہ فرمائیے۔

مورخہ 10/اکتوبر 2005ء　　　　　　قرۃ العین حیدر

مجھے افسوس ہے کہ قرۃ العین حیدر صاحبہ جنھوں نے اس کتاب کا پیش لفظ لکھا اُس کے شایع ہونے سے پہلے ۲۱ اگست ۲۰۰۷ کو انتقال فرما گئیں۔ تمام اردو ادب انکی زندگی کے لئے شکر گزار ہے۔

تمہید

میں اپنے خاندانی نام کے مطابق ایک رجپوت ہندو ہوں اور ذاتی نام کے حوالے سے مسلمان لیکن دراصل میں عیسائی ہوں۔ یہ اتفاق سہی لیکن ہندوستان کی مرکب تہذیب کی اصلیت کا آئینہ ضرور ہے اور مجھے اس کا فخر ہے کہ میرا اِس تہذیب سے تعلق ہے۔

جن شخصیتوں سے میں کم عمر میں اثر پذیر ہوا اُن میں میرے والدین کا اہم مقام ہے لیکن اِس لیے کہ میں نے اپنے نانا کی بطل پرستی کی اُن کی ایک مخصوص جگہ ہے۔ میرے بچپن میں وہ اس درجے کے حقدار یوں ہوئے کہ انہیں گھوڑوں کا شوق تھا، اچھے گھڑ سوار تھے اور ان کی دلیری کے بہت قصے مشہور تھے۔ اِس کے بعد عمر کے ساتھ جب اُن کی شخصیت کے دوسرے پہلو بھی نمایاں ہوئے تو اس لئے کہ ان میں روحانی، ذہنی اور جسمانی خوبیاں اس طرح مشتمل تھیں کہ وہ ایک مکمل انسان نظر آتے تھے۔ ایسا لگتا تھا کہ ان کو زندگی کی بنیادی اچھائی پر پورا اعتماد ہے اور جن ہاتھوں سے انہوں نے زندگی کو قبضے میں کیا تھا انہیں ہاتھوں سے اسے گلے بھی لگایا۔ ایک اندرونی طاقت تھی جو انہیں ایک بھرپور اور پرخلوص زندگی جینے پر مجبور کرتی تھی۔

نانا نے اپنا مذہب تلاوت اور تلاش کے بعد خود ہی چنا تھا اور اس فیصلے کے کچھ ہی عرصے کے بعد وہ ایک روایتی عیسائی سادھو بن کر گاؤں گاؤں بشارت کرنے نکل گئے تھے۔ یہ سلسلہ چند سال جاری رہا جس کے بعد اس نتیجے پر پہنچ کر کہ بھوکے پیٹ پر روحانی خوراک دینا مناسب نہیں ہے اور بغیر بھوک کا علاج کیے جائز بھی نہیں وہ واپس گھر لوٹ آئے اور جس نتیجے پر پہنچے تھے اس کی پیروی کرنے میں مشغول ہو گئے۔

جب میں نے انہیں جانا وہ ایک درمیانہ درجے کے زمیندار تھے اور اپنے گاؤں میں اس گرجے کے جو انہوں نے اپنے احاطے سے ملا ہوا بنوایا تھا پادری بھی تھے۔ جس گاؤں کو ان کی رہبری نصیب تھی اس میں مساوات تو نہیں تھی لیکن ہر شخص کو اپنی قابلیت، محنت اور وسائل کے مطابق جو حاصل کرنا مناسب تھا اس کو پانے میں امداد ضرور ملتی تھی۔

نانا کے لیے غربت سے لڑنا اور اس کو دور کرنے میں حتی المقدور کوشش کرنا ان کی روحانیت کا ایک مخصوص جز تھا۔ چنانچہ ان کے گاؤں میں کنگالی اور بھوک کے کوئی آثار نہیں ملتے تھے۔ ہر طرف خوشحالی نظر آتی تھی۔ لوگ تعاون اور بھائی چارے سے کام کرتے تھے۔ نانا کی رہبری کا دارومدار زور وزبردستی پر نہیں بلکہ تربیت اور ذاتی مثال پر تھا۔ یہی وجہ تھی کہ ذات پات کا فرق اجتماعی رشتوں میں نظر نہیں آتا تھا اور باوجود اس کے کہ گاؤں میں دیگر مذاہب کے لوگ رہتے تھے مذہبی تعصب یا فرقہ وارانہ تناؤ بالکل نہیں تھا۔ ان حالات کو مدنظر رکھتے ہوئے اس میں کیا تعجب ہے کہ نانا کی شخصیت اور ان کے گاؤں کا معاشرہ اور جس طریقے سے یہ قائم کیا گیا میرے لیے معیار بن گیا۔

ہمارے گھر میں روزانہ خاندانی عبادت ہوتی تھی جس میں اردو کی بائبل کے نئے عہد نامے سے ایک باب پڑھا جاتا تھا اور میری والدہ اردو میں دعا مانگتی تھیں۔ میرا ادبی اردو سے تعارف اسی طرح ہوا۔

ہمارے گھر میں مذہب پر زور ضرور تھا لیکن شک یا اختلافِ رائے کا اظہار نہ صرف مقبول تھا بلکہ مذہب کو سمجھنے اور ایمان کو مضبوط بنانے کے لیے ضروری سمجھا جاتا تھا۔ چنانچہ مذہبی مسائل پر (دیگر مسائل پر بھی) بحث عام تھی

اور جب گاہے بہ گاہے عیسائی سادھواس میں شریک ہوجاتے تھے تو اس کا معیار اور اونچا ہو جاتا تھا (تمام عیسائی سادھو جوالہ آباد آتے تھے ہمارے گھر ٹھہرتے تھے) یہ سب سادھو تعلیم یافتہ تھے لیکن کسی مذہبی تنظیم سے ان کا تعلق نہیں تھا۔ ان کی دینیات میں مغربی کلچر کا کوئی مقام نہیں تھا بلکہ صوفیانہ طرز خیال کے اثرات ملتے تھے۔ میں ان عیسائی سادھوؤں کی خاکساری، خلوص اور روحانیت سے بہت متاثر تھا۔

میرے والد صاحب اقتصادیات کے پروفیسر تھے۔ آزادی کی لڑائی میں شریک ہوئے تھے اور آزادی کے بعد کئی بہبودِ بشر منصوبوں میں شامل رہے۔ میرے والد صاحب نے ہی مجھ میں اعلیٰ تعلیم کا شوق پیدا کیا اور معاشی اور معاشرتی اداروں میں مسئلوں کو سمجھنے کی خواہش بھی۔ چنانچہ میری یونیورسٹی میں طالب علمی - ہندوستان اور باہری ممالک میں - قدرے طویل رہی اور اس دوران مجھے کافی وسیع پیمانے پر خیالات اور نظریات سے جانکاری حاصل کرنے کا موقع ملا اور سوچنے کے انداز میں کشادگی کا اضافہ ہوا۔ اس ذہنی اور فکری سفر میں مجھے کئی سوالات کا سامنا کرنا پڑا جن کے وجود کا پہلے علم تک نہ تھا اور جلد ہی واضح ہو گیا کہ ان سوالات کا خاطر خواہ حل ہی اس سفر میں منزل بہ منزل بڑھنے کی شرط ہے۔

پہلا اہم سوال جو میرے ذہن میں ابھرا وہ وہی تھا جس کا سامنا میرے نانا نے اپنی جوانی میں کیا تھا۔ یعنی کیا پیدائش کے اتفاق پر ہی کسی کے مذہب کا دار و مدار ہے؟ ظاہر ہے اس سوال کا جواب دینے کے لیے یہ لازمی تھا کہ میں ان مذاہب کے سوچ اور اعتقاد کے بارے میں جن سے ہندوستان کی تہذیب

معمور ہے اپنی جانکاری ایک مناسب درجے تک بڑھاؤں۔ چنانچہ میں نے یہی کیا اور اس سلسلے میں بہت کچھ سیکھا۔ جس سے خصوصاً دو چیزیں حاصل ہوئیں۔ ایک تو اپنے مذہب کا بخوبی سمجھنے کا موقع اور دوسری دیگر مذاہب کی واجب قدر دانی کرنے کی صلاحیت اور مزاج میں بردباری۔ اس کے علاوہ میں اس نتیجے پر بھی پہنچا کہ مذہب سے انسان جو بھی ذاتی یا اجتماعی ضروریات پوری کرے دراصل اس سے ذہنی سکون اور روحانی مسرت چاہتا ہے۔ لیکن کیوں اور کس قدر چاہتا ہے اور اپنے مقصود کو حاصل کرنے کے لیے کیا ذریعہ اختیار کرتا ہے لازمی طور سے اُس کا ذاتی معاملہ ہے جس کی عزت ہر شخص کو کرنی چاہیے۔

میں نے اپنے لیے عیسائی مذہب کیوں پسند کیا؟ اس کی وجہ مسیح یسوع کے دو احکام تھے ایک تو یہ کہ ''خداوند اپنے خدا سے اپنے سارے دل اپنی ساری جان اور اپنی ساری عقل سے محبت رکھ'' اور دوسرا'' اور اپنے پڑوسی سے اپنے برابر محبت رکھ'' پڑوسی وہ انسان ہے جو سامنے ہو۔ ضرورت پڑنے پر کسی کی مدد کرنا اس کے پڑوسی ہونے کی تصدیق ہے۔ ایک پڑوسی ہونے کے لیے مذہب، قوم، ذات پات، جنس، جلد کا رنگ یا مالی حیثیت کسی کی قید نہیں ہے۔ ان احکام کے علاوہ اور کوئی حکم نہیں۔ یہی تمام اخلاقیت کا سرچشمہ ہے اور اپنے میں مکمل مذہب ہے اور یہ دونوں احکام جڑواں بچوں کی مانند ہیں جن کا وجود ایک دوسرے سے الگ ممکن نہیں۔

جن اصولوں سے ذاتی ایمان کی آگہی ہو ضروری نہیں کہ انہیں اصولوں سے اجتماعی آگہی بھی ہو۔ انسان اور خدا اور انسان اور انسان میں محبت کی خصوصیت یہ ہے کہ یہ ذاتی ایمان اور اجتماعی میل، بہبودی اور بالیدگی دونوں

کی آ گہی کرتا ہے۔ محبت کی یہ کاملیت بہت پُر معنی ہے۔ لیکن میں یہ جاننا چاہتا تھا کہ محبت ایک بنیادی سچائی اور اصل حقیقت ہے یا نہیں اس کے لیے ذہنی دلیلوں کی ضرورت تھی۔

میں نے سائنس اور فلسفہ میں ان دلیلوں کی تلاش کی کیونکہ ان دونوں حلقۂ علم کا چند صدیوں سے قریبی رشتہ رہا تھا خصوصاً مغربی ممالک میں۔ انیسویں صدی میں سائنس کی طرح فلسفے میں بھی عقلیت کا بول بالا تھا۔ پرانی طبعیات کے اصول حاوی تھے۔ لیکن بیسویں صدی کے پہلے نصف میں ایسی سائنسی معلومات ہوئیں خاص طور سے طبعیات اور حیاتیات میں جن کی وجہ سے سائنس اور فلسفہ دونوں کی سوچ میں ایک ردّ و بدل ہوا۔ مثلاً وقت کا ایک نیا تصور وجود میں آیا جس میں صبح و شام کا وقت حقیقی وقت کا محض ایک پہلو ہے اور زمان و مکان الگ نہیں۔ سائنسی طریق استدلال کی اجارہ داری نہ رہی۔ مادی دنیا کی حقیقت مادہ میں نہ رہی کیونکہ مادہ خود اپنے میں کچھ نہ تھا۔

سائنس کی معلومات کا فلسفے پر بھاری اثر پڑا۔ میکانیاتی اصولوں پر نامیاتی اصولوں کو ترجیح دینے اور عقلیت کو رد کرنے کے لیے وجدانیت پر زور دینے کی تحریک شروع ہوئی۔ اور یہ تحریک سائنس کی تازہ ترین معلومات کی تردید نہیں کرتی تھی بلکہ اس کے حمایت میں تھی۔

جس فلسفی کے خیالات میں مجھے وہ دلیلیں ملیں جن کی مجھے تلاش تھی وہ تھے نورتھ ہیڈ۔ ان کا حلقۂ تعلیم طبعیات تھا جس کی تمام نئی انکشافات سے وہ بخوبی واقف تھے۔ نورتھ ہیڈ نے وجود کی حقیقت کا عالمی اور دائمی اصول باہمد گر عمل تجویز کیا۔ اس نظریے کی بنیاد طبعیات کی نئی Particle theory میں تھی۔

نورتھ ہیڈ نے مادی دنیا یا بے جان قدرت اور انسان میں جو زندگی سے معمور ہے فرق کیا۔ انہوں نے بتایا کہ بے جان قدرت کی حقیقت برقیوں (Sub-atomic Particles) کا باہم دگر عمل ہے جو حواسِ خمسہ سے ظہور میں نہیں آتا اور انسان کے دماغ سے علیحدہ نہیں پایا جاتا۔ انسان کی امتیازی خصوصیت زندگی ہے جس کا ثبوت اس میں ہے کہ وہ حسن سے اثر پذیر ہے اور نہ صرف تخلیقی امر کے اظہار سے متاثر ہوتا ہے بلکہ تخلیقی اظہار کی قوت سے نوازا گیا ہے جس طرح بے جان قدرت میں برقیوں کا باہمدگر عمل اس کی حقیقت ہے اسی طرح انسان کا باہمدگر عمل جس میں خوبصورتی کی علامت ہے یا تخلیق کا ظہور موجود ہے زندگی کی حقیقت ہے اور جہاں اس عمل میں خوبصورتی کی جگہ بدنمائی ہے وہ زندگی کا تضاد ہے۔

جیسے ایک توانائی بے جان قدرت میں باہمدگر عمل پیدا کرتی ہے ویسے ہی بنی نوع میں زبان اظہار کی چاہ جو دائمی اور بنیادی ہے اس کی ترجمانی کر کے باہمدگر عمل پیدا کرتی ہے۔ لیکن وہ زبان نہیں جو بچپن میں ہر شخص سیکھتا ہے بلکہ زبان کے وہ دائمی اور عالمی لسانی اصول جو چومسکی (Chomsky) کے انکشاف کے مطابق ہر زبان میں یکساں ہیں اور جن کا علم ہر بچہ اپنے ساتھ لے کر پیدا ہوتا ہے۔ جو تخلیقی توانائی اس علم کے ذریعہ اظہار کی چاہ کو ایک خوبصورت باہمدگر عمل بناتی ہے اس کو کلام کہا جا سکتا ہے۔ یہ کلام کائناتی اور ابدی ہوگا۔

وہی توانائی جو اظہار کی چاہ کو اظہار خیال میں بدل کر ایک خوبصورت باہمدگر عمل کا آغاز کرتی ہے اور زندگی کی حقیقت کو نمایاں کرتی ہے وہ محبت کے

علاوہ کچھ اور نہیں۔ کوئی رشتہ بغیر محبت کے خوبصورت نہیں ہوسکتا اور نہ ہی تخلیقی۔ اس بات سے یہ بھی ثابت ہوتا ہے کہ کلام اور محبت کی حقیقت ایک دوسرے سے الگ نہیں۔

تخلیقی توانائی کو کلام کی شکل میں دیکھنے میں مجھے یوحنا کی انجیل کی پہلی آیت سے ہدایت ملی اس میں لکھا ہے کہ ''ابتدا میں کلام تھا اور کلام خدا کے ساتھ تھا اور کلام خدا تھا۔''

جن خیالات کا ذکر یہاں ہوا ہے انہیں خیالات کو دوسرے انداز میں میں نے اپنی نظم ''کلام'' میں پیش کیا ہے۔

ادراک الزماں بھٹی

برفیلے خیمے[1]

یہ فلک بوس پربت
کرشمۂ قدرت
یہ دھرتی کی چوٹی پہ برفیلے خیمے
یہ نورانی دھکے ستونوں کے جنگل
تجلّی کا عالم
خداوند کی قربت
یہ عالمِ ارواح سے ملنے کی گھڑیاں
رنگ و بو میں گھل مل کے رہنے کی گھڑیاں
یہ ماضی کی آہٹ
مستقبل کی یادیں
یہیں ایک نقطے پہ سمٹے ہوئے
زمان ومکاں کے فصیلوں کے در
یہ فرشتوں کی محفل
ترنّم کے گنبد
یہاں انبیا ہم زباں ہیں میرے
یہاں شجر وگل راز داں ہیں میرے
یہیں ہے میری آزمائش کا محور

یہ ممکن تو ہے کہ یہاں خیمہ زن
درخشاں ستونوں میں گوشۂ ابدی

---

[1] گلمرگ، کشمیر

اپنا کر بھلا دوں کہ انساں ہوں میں
ہے آسان کتنا
نہ مرنا نہ جینا
یہی ہے میری آزمائش کا محور

اِدھر سیلِ تسکیں توازنِ باطن
اُدھر میرے دامن کو بچے کی مانند
کھینچے ہے رہ رہ کے وہی سوال
جہاں درد موقوف
دردمندی کہاں
نہ ہونا ہی کیا ہے حاصلِ ہستی؟

ایک ہی شاخ پر وجود و یقیں
اُسی پھول کے جدا نام ہیں
یقیں ہے مجھے دانشمندِ کُہن
جو چاہوں تو اپنی رگوں میں رواں
خونِ جگر کو ہاتھوں سے چھولوں
سانسوں کی رِم جھم میں کپڑے بھگولوں
دھڑکنوں کو اُچھالوں تو ہولی رچالوں
یا آنسو بنا کے پلکیں سجالوں
میں انسان ہوں نسلِ آدم سے ہوں

آزمایا گیا ہوں یہ تصدیق ہے
کہ میں ہوں یہاں ہوں ابھی ہوں
نہیں گُل سہی پتّہ تو ہوں
ٹہنی تو ہوں زندہ تو ہوں
میرا ایک گلشن سے رشتہ تو ہے
بہاروخزاں صرف رسمیں سہی
کُچلتی ہیں کلیاں تو کِھلتی بھی ہیں

لبِ آبجو رقصِ نرگسِ وسوسن
یہ رنگوں کی لے یہ موجوں کی دُھن
کھلتے شگوفوں کی کِھلتی مہک
صنوبر کے گیسو سے چھنتی کرن
ایک گوجر کے ہاتھوں میں ننھی سی بھیڑ
یہ سب آواز بن کر مخاطب ہیں مجھ سے
یہ برفیلے خیمے تجلّی کا عالم
یہ نورانی لمحوں کا چشمۂ ابدی
پیو اور خوب چھک کر پیو
پھر چلو زندگی کو گلے سے لگالو
اور اگر ہوسکے تو اِسی نور سے
کسی تیرہ گوشے میں دیپک جلادو

Tents of Snow

These mountains
Kissing the sky—
A miracle of nature.
Those tents of snow
On the pinnacle of earth—
A jungle of columns
So brightly glowing.
An ambience of glory
And proximity to God.
Moments of harmony
With the world of souls,
And of dissolving
In colour and fragrance.
Approaching past
And remembrances of future.
Here, on a point
Converge
The doors to the boundaries
Of time and space.
Angels assemble here
In domes of music.
Here I speak
The language of prophets
And with trees and flowers
Share my secrets.
Here lies
The axis of my temptation.

I can,
If I want to,
Pitch a tent
In a corner of eternity,
Here in the midst
Of the glowing columns

And forget,
That I am human.

How easy it would be
Not to die,
Nor to live.
This,
Is the axis of my temptation.

Here,
A flood of tranquility,
A silence within.
And there,
Like a child,
Intermittently
Pulling my shirt tails,
Is the same question:
Where there is no pain,
There is no compassion.
Is that not then
The end of all life?

To be and to believe
Are like two flowers,
On the same branch,
With different names.
I believe,
O! wise men of old
That if I want to,
I can touch with my hands
The blood pulsating in my veins,
Wet my clothes
In the drizzle of my breath,
Fling my heart beats
Like colours in *holi*,
Or else,
As tears bedeck my eyes.

I am human.
Of Adam's breed.
My temptations are proof
That I am,
And that I am here,
And now.
Though not a rose,
Maybe a leaf, a branch,
I am alive
And to a garden belong.
Spring and autumn
May just be customs,

And though buds are trampled
They still bloom.

Along the streams
Dance irises and daffodils
To the rhythm of colours
And the melody of ripples.
Fragrance blossoms
As buds open,
Rays filter
Through the tresses of pines,
A little lamb
Rests in the arms of a shepherd.
And all in unison say,
'These tents of snow,
Ambience of glory.
This eternal spring
Of glowing moments.
Drink from these
And drink well,
Then go and embrace life
And if you can,
With this glow,
Light a lamp in a dark corner.'

خیال جو خیال نہ تھا

کتنا انوکھا تھا وہ خیال
جو میرے ذہن کے دریچے سے
پل بھر کو جھانکا
اور پھر چھپ گیا
الفاظ کے جھرمٹوں میں کہیں
اور میں ڈھونڈتا رہا

میری زبان
میرے لوح و قلم
الفاظ کے ذخیروں کو تاکتے رہے
جیسے اندھیرا رات کو تاکے
ایک چبھن تھی مگر
جو میرے شوقِ تجسّس کو
ٹونٹ مارتی رہی
آخر کیا تھا وہ خیال
جو بچا کر نُطق سے آنکھیں
نکل گیا اوجھل دروں سے کہیں
اور میں حیرت زدہ
دیکھتا رہا

اور پھر ایسا ہوا

کہ دبے پاؤں

جیسے پتّوں سے نسیم گزرے

میرے ذہن سے اک آواز گزری

ارے نادان

ذرا سوچ

خیال......بغیر الفاظ

جیسے صدائے بازگشت

شیشے کے گنبد میں

اپنا آغاز ڈھونڈے

یا رات گئے نغمہ کوئی

اندھیرے کی خوابیدہ نوا میں

اپنے سُروں کو ٹٹولے

بغیر الفاظ اے نادان

وہ خیال جسے ڈھونڈتا ہے تو

خیال ہی نہ تھا

اک لمحۂ تخلیق کی چاشنی

خلا کی کوکھ میں پل بھر کی جھلک

ایک ٹوٹتا تارا

اور کچھ بھی نہیں

Thought That Was Not

Strange the thought
That for a moment
Peeped out of my mind's window
And then hid
Somewhere in the cluster of words
While I
Kept looking for it.

My lips
My notebook, my pen,
Peered
At the treasure-trove of words
Like darkness
Might stare at night.
But, bird-like,
Something within me
Kept prodding with its beak
My passion to probe.
For what thought was it
That so furtively fled
Through the unseen doors of speech
And vanished,
While I watched in wonder?

And then it happened.
Stealthily
As the breeze at dawn
Passes through the leaves.
A voice crossed my mind.
'O! Foolish one.
Think.
Thought...without words?
An echo,
Looking for its origin

In a dome of glass.
A song,
In the dead of night,
Fumbling for its notes
In the dreamy
Resonance of darkness.

Without words,

The thought that you seek
Was no thought.
Only a fleeting relish
Of a moment of creativity.
A flash in the womb of space.
A shooting star.
No more.'

سامری گھڑی

وہی بانجھ وہی چیڑ کے درخت
وہی دیودار وہی چنار
وہی چھنتی ہوئی دھوپ
تھرکتے ہوئے سائے
جنگلی گلاب کی وہی مہک
وہی پگڈنڈی زانوِ کوہ سے لپٹی ہوئی
وہی طلسمات کا عالم
جو میرے بچپن میں تھا
اب بھی ہے

مگر آج
بُلا رہے ہیں الفاظ مجھے
بے کَل ہے میرا ہاتھ
میرے لوح و قلم بے تاب
ایک شدید حاجتِ گفتار ہے
جو مجھ پہ طاری ہے
جی چاہتا ہے
سمیٹ لوں اوروں کو بھی
اِس سامری گھڑی کے سحر میں
جہاں میں

اور درختوں پر کائی کا رنگ
فَرن کی بل کھاتی ہوئی لوچ
بسی ہوئی صنوبر کی سبز مہک
جنگل میں ڈوبا ہوا سورج
اِس کوہسار کی خاموش نوا میں
ایک ہی راگ کے سُر ہیں

Magical Moment

The same oak and cheer pine
Deodar and maple.
The same filtered sun,
Quivering shadows
And tender fragrance
Of wild roses.
The same bridle path
Embracing the mountain-side,
And that same magical ambience
That was there
When I was a child
Is still there.

But today
Words beckon me.
My hand is restless,
My notebook and pen impatient.
An intense urge to speak
Has seized me.
I want to gather everyone
Into the ambience
Of this magical moment,
Where I,
The colour of velvet moss,
The graceful curves of ferns,
The abiding green fragrance of pines
And the sun drowned in the forest
Are all,
In the quiet mountain resonance,
Notes of the same raga.

شیشے کی دیوار

آسمان اور زمین کے درمیان
وقت کی ڈھلوان پر
ٹھہری ہوئی
ایک شیشے کی دیوار
جس کی بٹی ہوئی سطح
کئی راتیں
کئی راتوں کی روشنیاں

وہاں... نشیب میں... کچھ دُور
ایک شفاف اندھیرے کے تلے
وادیِ دُون [1]
دھرتی کے چہرے پر
سلما ستارے کا آنچل
جِھلملاتی یادوں کے جُھرمٹ
یا نیند کی اوٹ سے
خفیہ خوابوں کے ٹمٹماتے حروف
اور یہاں... ساغر میں... میرے آگے
ساون کی سانولی دھوپ
اور پگھلتی ہوئی تنہائی

---

[1] دیہرادون

The Glass Wall

Between sky
And earth,
On the slopes of time
There rests
A wall of glass.
Its divided surface
Many nights,
And the lights of many nights.

There,
In the distance
Below the slopes,
Under transparent darkness,
The Doon Valley.
A sequined *aanchal*
Covering the face of the earth.
A cluster of twinkling memories.
Or peeping through slumber,
Flickering alphabets
Of secret dreams.

And here,
In the goblet
In front of me
The dusky sun of *saawan*,
And melting loneliness.

انقلاب کا چہرہ[1]

کابل-۱۹۷۳

ہوٹل کے کمرے کی دو کھڑکیاں
میری اجنبی آنکھیں
دیکھ رہی ہیں
انقلاب کا چہرہ

پہلی کھڑکی

ایک قصرِ شاہی کی فسردہ فصیلیں
تاک رہی ہیں
خاموش برجیوں کے سائے
سرسرا رہا ہے گنبدِ ایواں پر
یاس کا پردہ
پامال ہیں شکستہ دروازے
جن کی بانہوں سے
نہ جانے کتنے حسین لمحے
قافلوں میں گزر گئے
جواب
بے حس و بے جان مقفّل ہیں
چوکھٹوں کے مزاروں میں

[1] افغانستان میں ۱۹۷۳ اور ۱۹۷۸ دونوں انقلابات کے دوران میں کابل میں موجود تھا۔

اب اُن کے سینے میں چراغاں نہ ہوگی
کوئی شاہانہ رات
لپٹ جائیں گی روشیں
لالہ زاروں کے کفن سے
آہ کتنی غمگین ہے
یہ ڈھلتی ہوئی شام

دوسری کھڑکی

سڑکوں پر قالین بچھے
کاندھوں پر نان دو ہاتھ بڑے
گدّھوں پر انار لدے
اب بھی ہیں
اور اُس پار سڑک کے
بچّے اب بھی
کھیل رہے ہیں اُسی طرح
بے خبر
وہ کیا جانیں کیا ہوا
یا کیا ہوگا

جھرمٹوں میں مرد کھڑے
دُہرا رہے ہیں سرگوشیوں میں

وہی واردات جو انہوں نے
خود اپنی آنکھوں سے
اپنی اپنی طرح دیکھی
الفاظ ہوا میں بھنبھنا رہے ہیں
دبی دبی سی ہلچل ہے
کہ ایک ملنگ کی آواز
گہری
جیسے اُس کی آنکھیں
اپنے والہانہ انداز میں
ماحول کو کاٹتی ہوئی
مخاطب ہے جہاں سے
''ٹینک آئے
بندوقیں تنیں
لیکن نہ کوئی جنازہ اُٹھا
نہ خون بہا
صرف ایک بادشاہ
اندھیرے میں وطن چھوڑ گیا
اور بادشاہی کی رسم
یوں ہی ٹوٹ گئی
انقلاب مگر پہاڑوں میں
بھٹک رہا ہے اب بھی

خود تلاش میں اپنی

اور شہر میں

ایک کمسن لڑکی

اپنے ادھ کھلے دروازے سے لگی

بار بار پوچھ رہی ہے راہگیروں سے

کب آئے گی صبحِ نو"

The Face of Revolution*

Kabul 1973

In my room
The two windows,
My eyes,
Strangers to this city,
Are watching
The face of Revolution.

First window

Forlorn parapets
Of a royal palace
Stare
At the shadows
Of silent turrets,
And a veil of despair
Flutters
Over the building's dome.
The doors,
Shattered and wounded,
Out of whose arms
Had passed
Many moments of splendour
In caravans,
Are now interred
In the tomb
Of their own frames.
No royal night
Will glitter
In their breast again.
And there,
Out in the garden,
The winding path
Will embrace in sorrow
The coffins of flowerbeds.
Oh! what a sad, sad evening.

* I was in Kabul during the 1973 and 1978 Revolutions.

Second window

On the roads
A spread of carpets,
And those *naans*,
Three feet long,
Borne on shoulders
And pomegranates
Laden on donkeys,
Are still there.
And across the road
Children play
Unconcerned as ever.
They know not
What has transpired,
Nor what might.

Men standing in clusters
Here and there,
Recount in whispers
The same events
That each has seen
With his own eyes
In his own way.
Words buzz,
And a subdued excitement
Hangs in the air.

It is then
That a *malang*'s voice,
Intense like his eyes,
Cuts through the air,
Saying in its mystical tones:
'Tanks came,

Guns were brandished,
But there was no funeral.
Nor was there any bloodshed.
Only a king
In the dark of the night
Lost his kingdom.
And just like that
The custom of monarchy died.
But Revolution,
Still in search of itself
Wanders confused
In the mountains.
And in the city
A small girl,
Standing
By her half-closed door,
Asks every passer-by:
"When will the new morn' come?"'

انقلاب کا چہرہ

کابل-۱۹۷۸

دوسرے پہر کا وقت تھا
کہ گولیوں کی آواز
چیر گئی فضا کا پیرہن
سمٹ گیا خوف زدہ برہنہ ماحول
اور جو جہاں تھا
وہیں سہم گیا
بدحواس لمحے
ہوا بردوش ترتراہٹ میں
ریزہ ریزہ بکھر گئے
اور درودیوار کی خاموش نوا
ٹینکوں کی گڑگڑاہٹ کے شگافوں میں
سما گئی

دن ابھی ڈھلا نہ تھا
کہ ریڈیو کابل کا اعلان
''انقلاب مکمّل ہوا''
پتھر کی مانند
وقت کی ٹھہری سطح پر
آن پڑا
اور ناگہانی ہیبت
حلقہ در حلقہ

ہر بشر کے دماغ پر چھا گئی
رات بھر اندھیرا
دھماکوں میں تڑپتا رہا
قصرِ صدر پر بم برستے رہے
بالا حصار سے دھواں اُٹھتا رہا
صبح تک
نہ جانے کتنوں کے ہمراہ
صدرِ ریاست ہلاک ہوئے
بہت خون بہا

دھوپ کی تپش میں
دہشت پھیل گئی وبا کی طرح
زباں پر تالے پڑے
حوالات میں جگہ نہ بچی
دروازوں کے رنگ
جو ہرے تھے سرخ ہو گئے
سرہنگ کا سنگیت
مقفّل کواڑوں میں بند ہو گیا
اور حکومت کی ہر نئی تحریک
سوگ کی راکھ میں دب گئی

شہر کی ایک رہگزر پر لوگ
خوف کی چادر اوڑھے
زندگی کا دامن
کانپتے ہاتھوں سے تھامے
سُن رہے ہیں سہمے ہوئے
ایک ملنگ کی گہری آواز
''لہو
لہو کے رنگ میں ملبوس
انقلاب......گھائل
بھٹک رہا ہے سڑکوں پر
جگہ جگہ
سرگوشیوں میں
اُگ رہا ہے بغاوت کا بیج
اور شہر میں ایک لڑکی
جوانی کی سرحد پہ کھڑی
دروازے کی اوٹ سے دُہرا رہی ہے
ہائے کب تک
آخر کب تک
امن کی دہلیز پر
بارود کا پہرہ ہوگا
کتنا اور کھنچے گا ابھی
اِس رات کا اندھیرا''

The Face of Revolution

Kabul 1978

Just past the noon hour,
The sound of gunshots
Tore through the garment of air
And a naked
Fear-stricken environment
Shrunk within itself.
Stunned people froze
Where they stood.
And unhinged moments
Scattered like loose earth
Amidst the air-borne
Stutter of machine guns,
Just as the silence
Of quiet doors and walls
Slipped into the crevices
Of the grinding noise
That the tanks
Left in their wake.

The sun was yet to set
When Radio Kabul's announcement,
'Our Revolution is done'

Fell like a stone
Into the stunned stillness of time,
And an unknown dread
Spread in widening circles
Across the minds of the people.
All night long
Darkness in the midst
Of shattering explosions,
Turned and twisted
In tormented pain.
Bombs fell

On the Presidential Palace
And smoke
Rose from Bala Hisar.
By morning,
Along with many others,
The President was killed.
Much blood was shed.
In the heat of the sun
Terror spread
Like an epidemic.
Lips were sealed.
In the prison
There was no room for more.
Doors green till now
Were painted red.
The *sarhang*'s music
Lay smothered
Behind closed doors.
And each initiative
Of the new state
Lay buried
Under the ashes of mourning.

On a street in the city,
People
Wrapped in a shawl of fear
Clinging to life
With trembling hands
Paid heed to the *malang*,
Who in his intense voice
Was saying,

'In clothes red with blood,
The Wounded Revolution

Is wandering
Aimlessly along the streets.
Everywhere rebellion
Is growing in whispers.
And in the city a girl
Nearly a woman now,
Half hidden from gaze
Goes on repeating,
"Till when,
Oh! till when,
Will gunpowder stand guard
On the threshold of peace?
How much more
Will the darkness of this night
Stretch?"'

انقلاب کا چہرہ

کابل-۲۰۰۲

ہندوکُش کی آغوش میں
سرخی مائل اک پہاڑی پر
جہاں نہ سبزہ کوئی نہ درخت
ایک شہر تھا آباد کبھی
جس کا محاصرہ چنگیز خاں کی سپاہ نے
کچھ ایسا کیا
کہ دیر تک
اُس شہر میں آہ وزاری ہوتی رہی
اور جب آخری خامشی
ٹھہر گئی فضا میں خود
اُس شہر کو تمام لوگ
شہرِ غُلغلہ کہنے لگے

کھنڈروں میں اِسی شہر کے
ایک پناہ گزیں ملنگ نے
وہی غُلغلہ ...وہی چیخ وپکار
پتھروں سے سنی
اور پوچھا
''یہ آہ وزاری یہ درد یہ پکار

کل کی ہے یا صدیاں پرانی؟''

''کون جانے''
پتھروں نے کہا
''وقت تو ایک پردہ ہے''

کئی سال گئے
کہ بارود کا دھواں
فضا میں رفتہ رفتہ چھا گیا
لچکتے بید... ہنستے انار
توانا بادام... تمام درخت
...اور لب آبجو...
نرگس و لالہ و سوسن
سب دنیا کی نظروں سے
روپوش ہو گئے
لیکن بندوق کی کڑکتی آواز
ہندوکُش کی اودی سانولی
نارنجی چٹانوں کے بیچ
اپنی بازگشت میں
تڑپتی رہی

انقلاب تو لال فوج کے صدقے
شہید ہو گیا

لیکن جابر
غیر ملکی ہوں یا اُسی خطّہ کے
مقصود جن کا تیل ہو یا جنّت
اپنے جبر کی شدّت آزماتے رہے
اور جو بانٹتے تھے اسلحہ
وہ بانٹتے رہے
اور لوگ... اپنی جگہ
مرتے رہے

لشکروں کا پرچم ہرا تھا یا لال
خون جو دھرتی میں جذب ہو گیا
اُس کے رنگ میں کوئی فرق نہ ملا
درد جو انسان ہونے کے ناتے
اُٹھا تھا آہ میں پکار بن کر
وہ پکار... وہی تھی
جو صدیاں گئیں
اُن پتھروں نے سُنی

وقت تو ایک پردہ ہے

ایک عورت
جس کا بے رنگ چہرہ
تھکاوٹ سے بیزار

اپنے آنگن کے دروازے سے لگی
چپ چاپ کھڑی
اپنی یادوں پر نگاہیں ڈالے
بٹور رہی تھی
وقت کے پراگندہ چیتھڑے
جنہیں ٹانک ٹانک کر
اُس نے زندگی کا ننگ چھپایا تھا
اُس کی نگاہوں کے درپن میں
نقش تھے وہ دن
ہر آن جب تھا تشدّد کا امکاں
بوجھل تھی دہشت سے فضا
ہر سانس پہ دم نکلتا تھا
نقش تھے وہ گمراہ لوگ
جن کی خونریزی نے
اسلام کی سولی بنا کر
لٹکا دیا تھا انسانیت کو
اور وہ لوگ
جنہوں نے شہوت کو
اپنے گریباں میں چھپانے کے لیے
عورت کے جسم کو

موجدِ گناہ ٹھہرا کر

دفنا دیا حجابوں کے کفن میں

نوچ لیا بچپن سے ہی

تعلیم کے سوتوں سے اُسے

خواہش و خواب و تمنّا کا حق

چھین لیا قیادت میں اسلام کی

حسن و جمال سے محروم

وطن تا حدّ نظر ویران ہو گیا

شفقت و مہر و محبت کی

آبرو نہ رہی

جذبات میں جو گداز تھا

وہ نہ سُخن میں ملا

نہ سوچ و قیاس میں

فن اور فن کار تشنہ لب

بھٹکتے رہے صحراؤں میں

اور بامیان کی دلکش وادی میں

گوتم بدھ کا مُجسمہ

جسے تہذیب کی تواریخ نے سراہا

ایک جشنِ حیوانی میں

مِسمار ہو گیا

کچھ نڈھال کچھ اُداس
وہ عورت
دروازے پر دونوں رنگ
لال... اور اُس کے اوپر ہرا
اپنے ہاتھوں سے کھرچنے لگی
اور یہ سوچ کر
کہ اب لگائے گی اپنے پسند کا روغن
زیرِ لب مسکرائی
اُسی وقت
سامنے سے چند لڑکیاں
اسکول کو جاتی دکھیں
جھکے شانے بار سے کتابوں کے
باتوں میں ہنسی جیسے
ڈھلی دھوپ میں پتھروں سے آبجو گزرے
ہونٹ کِھل اُٹھے اُس عورت کے
اور اُس کی آنکھوں کے زمرد میں
ایک روشنی مچلی
یاد آئی اُسے وہ کمسن لڑکی
جو بیس سال پہلے
اپنے دروازے کی اوٹ سے
یہی پوچھتی تھی راہگیروں سے
''کب آئے گی صبحِ نو''؟

اب ایک عمر کے بعد
وہی لڑکی اپنے دروازے پہ کھڑی
دیکھ رہی ہے ایک اور راستہ
اور دھندلاتی ہنسی کی آواز
اپنی آنکھوں سے لگائے
مخاطب ہے خود اپنے سے
اور اُس سوال کا
جو ابھی تک ہواؤں میں تیرتا رہا
جواب دیتی ہے
''چھٹ جائے گا جب کہرا
اِسی راستے پہ آگے
صبحِ نو ملے گی''

The Face of Revolution

Kabul 2002

On a reddish hill
In the lap of Hindukush
Where no grass or tree grows,
Lay a city once.
It was so besieged
By the hordes of Chingez Khan
That wailing and screaming
Were long heard.
And when the final quiet
Settled in the air
People called the city
The City of Ghulghula.

A *malang*,
Who had sought refuge
In the ruins of this city,
Heard the same scream
And cry from the stones
And asked,
'This wailing,
Pain and yelling,
Is it of yesterday
Or of centuries back?'

'Who knows,' said the stones,
'Time is just a veil.'

It is twenty years and more
Since the smoke of gunpowder
Began to settle,
Layer by layer,
Until the swaying willows,
The merry pomegranates,
The robust almonds,

Trees of all description
And narcissi and daffodils
On the banks of streams
Were all removed
From the gaze of the world.
Only the spluttering of guns,
Tortured in their own echo
Amidst the mauve, grey,
Orange rocks of Hindukush
Remained.

Revolution lay martyred
Thanks to the Red Army.
But the oppressors
Foreign or indigenous,
Be their goal
Oil or paradise,
Continued to match
The intensity
Of their oppression.
And those who freely
Dispensed weapons of war
Continued to do so.
Only the people
Whose place it was to die
Kept dying.

Be the army's flag
Red or green,
The colour of blood
That spilled on the ground
Was the same.
The heart-rending cry

That rose from pain
Because it was human,
Was the same
That centuries ago
The stones had heard.
'Time is just a veil.'

A woman,
Her colour-drained face
Tired of being tired,
Stood quietly
By the door to her yard.
Her gaze,
Turned inward to her memories,
Was gathering
The tatters of scattered time
That she had sown together,
Stitch by stitch,
To cover
The nakedness of her life.

In her gaze
As in a mirror
Were reflected days
When every moment
Was burdened
With prospects of violent strife.
The air was loaded with fear
And every breath seemed
To be the last.
Also reflected in the mirror
Were people
Who, having gone astray
In their murderous pursuit,
Fashioned Islam
Into a cross,

To hang humanity upon.
And people
Who proclaimed,
To cover up
For their own lust,
That a woman's body
Was the origin of sin
And buried it
In a coffin of veils,
Plucked her away
Like a child
From the spring of knowledge.
Robbed her of the right
To desire, to dream, to long for,
And all this
In the name of Islam.

Deprived of beauty and grace
This land
Turned into a wilderness,
Desolate
As far as the eye could see.
Generosity, kindness, love,
Were admired no more.
And emotional warmth
In thought and poetry
Was no longer found.
Art and artists,
Lips parched and thirsting
Wandered aimlessly
From desert to desert.

And the majestic sculpture
Of Gautam Buddha
Standing in the picturesque
Valley of Bamiyan,

Cherished
By the history of civilization
Was hacked
In a wild
Celebration of barbarism.

The woman
Reflective and sad,
Scratching from the door
The two layers of paint,
Green and below it red,
Quietly smiled
At the thought that now
She can paint the door
In the colour of her choice.
Just then
A few girls went by
On their way to school,
Shoulders drooping
With the weight of books.
And as they chatted
The sound of their laughter
Was like a stream
Burbling over pebbles
In washed sunshine.
The woman's lips
Opened like a bud
And in her emerald eyes
A new light played.
She remembered the small girl
That twenty years and more ago
Stood leaning by her door
And kept asking the passersby,
'When will the new morn'
come?'

Today, after a lifetime,
The same girl
Now a woman,
Standing at her doorstep
Looks at another road
And clutching to her heart
The diminishing
Sound of laughter,
Answers that question
Still hanging in the air.
'When the smoke clears,
It is down this road
That they shall find
The new morn'.'

جنگِ خلیج

کہتے ہو کہ جنگ ہے یہ
کہاں ہیں نیزہ وشمشیر
زرہ بکتر اور سپر
علم اور علم بردار
کہاں ہے گھوڑوں کی چاپ
یہ جنگ ہے
کہ جشنِ پیغامِ فنا

موت کے آتشیں غبارے
قضا بردار سر کبان
پھوٹتے زخموں کے انار
کیسا جشن کیسی دیوالی ہے یہ
کہ گُل ہو گئے ہر گھر کے چراغ
جھلس چکے خیموں پہ پرچم
اب تو بتاؤ
کہ کہاں ہے فتح
کدھر ہے امن
وطن کو آگ میں جھونکنے والو
گیسوئے گیتی کو سنوارنے والو
کچھ تو بتاؤ

اِس آگ کی بارش سے
کونپلیں پھوٹیں گی کب

پیوست ہو گئے
وقت کے دامن میں
جانباز جسموں کے ڈھیر
زخموں کے پھول آہوں کے خار
ماوؤں کا ماتم یتیموں کی چیخ
قطار در قطار
جواں اُمنگوں کے کفن
سب ابھریں گے وقت کے ساتھ
چاک روحوں کے شگافوں سے
جب نہ کوئی رفو گر نہ مسیحا ہوگا

The Gulf War

You say
That this is a war?
But where are the spears
And the sword,
The armour and the shield,
The flag
And the flag bearer?
Where is the sound
Of horses' hoofs?
Is this a war
Or jubilation
Over an invitation
To extinction?

Fiery balloons of death,
Doom-bearing rockets,
Sparks of blood
From wounds erupting.
What kind of *Diwali* is this,
That lamps in every home
Are extinguished?
And now that the flags
On tents are seared,
Tell us,
Where is the victory?
Where the peace?
You who have plunged
The country into fire,
You who were to adorn
The face of the earth,
Tell us at least,
When will this rain of fire
Make the buds bloom?
Patched into time's robe

Are the bodies of the brave,
The flowers of wounds
And the thorns of sighs.
The mourning of mothers.
Screams of children orphaned
And row upon row,
The coffins
Of young longings.
All of these
Will rise with time
Out of the tears in
Tattered souls,
When there will be none to mend
Nor any messiah to heal.

یہ نہیں جانتے[1]

کیا لفظ تھے وہ

کیا زبان کیا جادو
کہ چراغوں نے اندھیرے اُگلے
کتنی بستیاں
گلیاں زینے آنگن
قربان گاہ بنے
پھر نعروں کی نوک پر
رقصِ بسمل ہوا
اور ایک بھیڑ نے
پرستش میں خون پیا

ریل کی پٹریوں پر
عصمتوں کے ڈھیر لگے
چیخیں جم گئیں
خوف کے تالو پر
کتنی آنکھوں میں نور
زندہ دفن ہوا

سمندر کی لہریں
متواتر پتھروں پر

[1] سورت اور ممبئی کے فساد کے بعد

ٹوٹتی رہیں
ریت پر وقت
مدّ و جزر میں نپٹا رہا
خون آنسو درد
پہلے کی طرح
وقت کی ریت میں
تہہ بہ تہہ
دبتے رہے

مگر شہر میں
جرم کے بازیگر
انتقام کی سرگوشیوں سے
ایک دیرینہ چراغ ملتے رہے
اور یکایک
زمین دوز نہاں خانوں سے
ایک جن کی پھنکار
دھماکوں میں بدل گئی
اور دہشت زدہ لوگ
اینٹ سمنٹ شیشے کے انباروں میں
عزیزوں کو ڈھونڈنے نکلے
پھر زندگی کی دھجّیوں سے
ماتم کا غُل اٹھا

پھر شہر کی برجیوں پر
گدھ منڈلاتے دکھے
پھر ریت کے وقت پر
خون آنسو درد
بکھر گئے

یہ کیا ہوا
کہ الفاظ کے چند چھینٹوں نے
وقت سے صدیاں چھین لیں
دھکیل دیا کردار کو
ایک قدیم صحرا کے بگولوں میں
طلسمات ہی ہوگا
کہ یہ بھیڑ
یہ لوگ
دیکھتے ہوئے دیکھ نہ سکے
سنتے ہوئے سن نہ سکے
انہیں معاف کرنا یا رب
نہیں جانتے یہ لوگ
کہ کیا کرتے ہیں

They Know Not*

What words were those
What language
What magic,
That lights spewed darkness?
Who knows
How many districts
Lanes, stairs, yards
Were turned
Into sacrificial altars.
And once again
The slain had danced
On the sharp end of slogans,
And a crowd
Had drunk blood
In worship.

On railway tracks
In heaps lay
The defiled honour of women.
Screams froze
On the palate of fear
And in so many eyes
Light was buried alive.

Waves of the sea
Continually broke on rocks.
Time over sand
Was measured by the tide.
Blood, tears and pain
Were buried,
Layer by layer,
As always
In the sand of time.

*On the 1992–1993 riots in Mumbai and Surat.

But in the city,
The acrobats of crime
Whispering revenge
Rubbed an ancient lamp.
When suddenly
From secret
Subterranean places
The hissing of a jinn
Turned into thunderous blasts.
Fear-stricken people
Went about
Looking for their loved ones
In the rubble
Of bricks, cement and glass.
Once more
From the tatters of life
Rose the wail of mourning,
And again,
Over the turrets in the city
Vultures were seen circling.
And yet again,
On the sand of time
Blood, tears, pain
Lay scattered.

What happened
That a few sprinkled words,
Snatched
Centuries from time
And thrust human conduct
Into a whirlwind
Of an ancient desert.

It must be magic
That this crowd,
These people,

Seeing, could not see
Hearing, could not hear.
O God!
Forgive them
For they know not
What they do.

کھو کھلے کرم

وقت کا چکّر
وجود کا چکّا
جینا مرنا پھر جینا
بھلے بُرے کرموں کا پھندہ

وقت کا چکّر
گھٹتا بڑھتا
پاس محور کے دور محور سے
بھلے برے کرموں کا پھل

سوچا میں نے
کیا ہوگا
اِن کھوکھلے کرموں کا میرے
جو بھلے نہیں اور برے نہیں

سچ تو یہ ہے
کرموں کی پہچان نہ پائی
بھلا بھلا کیوں بُرا بُرا کیوں
کچھ اپنی بھی
نہ آہٹ پائی

بس نقل و نمائش پُرکھوں کی
نقشِ قدم پر نقشِ قدم
یوں ہی گزرا
جیون اپنا

دن ڈھلے اب سوچ پڑی
کیا ہوگا کرموں کا میرے
ایسا نہ ہو
کہ انت نہ ہو
چلتا رہے وقت کا چکّر
نہ پاس محور کے نہ دور محور سے

⁂ Hollow Deeds

Orbiting time,
Wheel of existence,
Living, dying,
Then living again,
The noose of good and bad deeds.

Time's orbit
Growing, shrinking,
Closer to the axis,
Farther from it,
The fruit of good and bad deeds.

I wondered
What will become
Of these my hollow deeds,
Neither good nor bad.

Truth is
That I learnt not
Why good deeds are good
And bad are bad
Nor was there a hint
Of what I was.

I only knew to imitate
And to exhibit
What my ancestors were.
Footprints on footprints.
Thus passed
My life.

When time came
For the sun to set,
I began to wonder

What will become of my deeds?
And I hoped not
That there is no end,
And the wheel of time
Keeps orbiting on and on,
Neither closer to the axis
Nor farther.

شبنم

کیوں ہر قطرۂ شبنم کو تم
آنسو سمجھتے ہو
نچوڑو شب کی تاریکی سے آنسو
گریہ ہی منسوب ہے تم کو
مگر شبنم تو اک ننّھا سا
گہوارہ ہے کرنوں کا

تم اپنی روح کی چادر کو تانے
چھپ رہے ہو کیوں
اندھیرے سے اندھیرے میں
کہیں ایسا نہ ہو
کہ لوٹ گئے تم
کچھ آنکھ بچا کر
کچھ شعور سے اوجھل
اپنے سے خود اپنے کو چھپا کر
ایسا تو نہیں
کہ لوٹ گئے تم
اُسی مخملی اندھیرے میں
وہی محفوظ خلا

جو روشنی سے پہلے
ماں کی کوکھ تھی کبھی

اُٹھو
اور اِس بھرم کو توڑ دو
سمالو روح کو اپنی
انا کو ہاتھ میں لے کر ذرا دیکھو
وہ ننگے پاؤں اتری
پربتوں سے روشنی
کس قدر شفّاف لہجوں میں
یہ اتراتی ہوئی دوشیزگی
زندگی کی لے ہے یہ
یہی پیامِ حسن خود
نکھر نہ جائے کیوں
اب چہرۂ گیتی
روشنی تمام رنگ
روشنی حیاتِ نو
روشنی کے دم سے ہیں
رعنائیاں سبھی
کھولو تو سہی نظروں کے در
وہ اُٹھ رہے ہیں گنگناتے

انگڑائیاں لیتے شجر
اُڑ رہیں ہیں ہر طرف
قوسِ قزح کی چندیاں
گل سے کبھی بوس و کنار
سبزے سے آشنا کبھی
روکے ہے ہر قدم پہ اب
نکہتِ بادِ سحر
شگفتگی کا دور ہے
اُٹھو
اپنا لو روح کو اپنی
اور پھر ذرا دیکھو
شبنم تو اک ننھا سا
گہوارہ ہے کرنوں کا

Dew Drop

Why do you think
That every dew drop is a tear?
Squeeze tears
From the darkness of night
If that is what you must,
But a dew drop
Is just a tiny cradle
For a sun ray.

Secluded
Under the sheet of your soul
Why are you hiding
From darkness in darkness?
Could it be
That you have returned
Slyly,
Unseen by your consciousness
And hiding from your own self?
Could it be
That you have returned
To the same velvet darkness,
The same secure space
That before light
Was your mother's womb?
Awake
And shatter this illusion.
Make your soul your own,
And then take your self
In your hands
And look.
There,
Comes light
Barefoot down the mountains

Displaying
In such dulcet accents
Its coy innocence.
Light is the melody of life
And in itself
A message from beauty.
Why should the face of earth
Not beam with lustrous charm.
Light is all colour.
It is the beginning of life
And the soul of all beauty.
Open then
The doors of your vision
For there
Stretching and humming
The trees are awakening.
Fragments of rainbow
Are flying all around,
Kissing flowers now
And now with grass intimate.
One is seized at every step
By the fragrance
Of the morning breeze.
It is the hour of freshness.

Awake,
Make your soul your own
And look again.
A dew drop
Is just a tiny cradle
For a sun ray.

سین ڈیوگو[1]

(۱)

بہت خود دار ہے قدرت
حسد پرور ہے پیار اس کا
ربط نہ غیروں سے بڑھاؤ اتنا
منہ نہ موڑ لے کہیں یہ تھک کر
ٹوٹ گیا گر یہ ناتا پیار کا
گھُن لگ جائے گا جینے میں
اُکھڑی اُکھڑی لگے گی ہر چیز
وقت سوار کاندھے پر
چوس لے گا روانی حیات کی
کام نہ آئے گی غیروں کی یاری
دھوپ لگے گی سائے میں

[1] سین ڈیوگو- کیلیفورنیا، امریکہ

(۲)

بہت کم ہے روشنی
بدل ڈالو
اِس کاشانۂ حیات کو
جھونپڑی سے کسی
کہ ہر گوشے میں روشنی پہونچے
قواعد و تنظیم میں جکڑے ہوئے
میڈیا کے ہاتھوں بکے
اپنی بیڑیوں پر نظر تو ڈالو
کس دام بیچی ہے آزادی تم نے
کیا ملا ہے وقت کو گروی رکھ کر
کون سے ستارے توڑ لائے تم
کہ چاندنی میں اب دل مچلتا نہیں

San Diego*

I

Proud is nature
And jealous of its love.
Increase not your intimacy
With its rivals
Lest losing patience
It may turn its face away.
And were the communion
With it to snap,
Living itself would erode
And everything
Would seem out of joint.
Time riding on your shoulder
Will suck out the smoothness
From your life.
Of no avail will be
Your intimacy
With nature's rivals.
Sun will scorch you in the shade.

*San Diego, California, U. S. A.

II

There is but little light
Here in this palace of life.
Trade it for a hut
That light might enter
All nooks and corners.
Strapped by discipline,
Stuck in structures
And sold to the media,
Do, please, sometime
Look at your shackles.
For what price
Have you sold your freedom?
What have you got
By hocking your time?
What stars did you snatch
From the sky?
That your heart
No longer stirs
With desire in moonlight.

سرکتے سائے

زندگیاں
کئی زندگیاں
سرکتے سائے
اندھیرے سے بچ کر
روشنی سے ہٹ کر
دبے پاؤں
زاویے بدلتے
وقت کے رخ پر
ڈھانچوں میں ڈھلتے
یہ سرکتے سائے

خالی ہر رنگ سے
اپنے میں لیکن
جہاں بھی پڑے
وہیں کا رنگ
سماتے اپناتے
ایسے ہی چلتے
یہ سرکتے سائے

روشنی سے گریزاں
اندھیرے سے ڈرتے
نہ قریب روشنی کے
نہ اندھیرے سے دور
زندگیاں
کئی زندگیاں
سرکتے سائے
نہ چھت کے
نہ دیوار و درخت کے
خود اپنے ہی سائے
یہ سائے کے سائے

Shifting Shadows

Lives,
So many lives
Shifting shadows,
Avoiding darkness
And shunning light.
Stealthily
Correcting angles
And with the winds of time
Changing their mould.
These shifting shadows.

In themselves
Devoid of hue,
They steal the colour
Of the patch
They fall on,
And making it their own
They go on.
These shifting shadows.

Wary of light
And of darkness afraid.
Neither close to light
Nor from darkness far.
Lives,
Many lives
Shifting shadows,
Not of roofs
Nor of walls or of trees,
Their own shadow.
These shadows of shadow.

راہرو

راہرو کے بس میں
نہ ہوں قدم اپنے
نہ راہ
وادیاں اُجاڑ کھیت کانٹے
بستیاں باغ دشت ویرانے
قافلہ بن کر
خود ہی گزر جاتے ہیں

قیاس میں راہرو کے
نہ ہو منزل کوئی
نہ راہ
سنگِ میل آتے ہیں نکل جاتے ہیں
بستیاں وادیاں گزر جاتی ہیں
قدم بڑھتے ہیں
فاصلے کم نہیں ہوتے

اور ہوں اگر
راہرو کے قدم اپنے
راہ اپنی
وادیاں بستیاں اُجاڑ ویرانے
منزلیں بن کر نکل جاتے ہیں
وقت پھلتا ہے
نئے فاصلے اُگا کرتے ہیں

Traveller

If a traveller controls not
The steps he takes
Or the path he follows,
Valleys, farms, wilderness, brambles,
Townships, gardens, deserts, wastelands,
All in a caravan
Pass by.

If a traveller knows not
His destination
Nor the path to take,
Milestones come and go
Townships and valleys pass,
Steps through space move
But no distance cover.

But when a traveller knows
Where his steps lead
And the path he takes,
Valleys, townships, wilderness,
Become destinations and go by.
Time bears fruit
And new distances grow.

دور اُفق کے پار

شہروں میں ڈوب گئے
تمام ستارے
اور چھپ گیا
فلک کا سونا اندھیرا
فسردہ قمقموں کے سائے میں
اب چاند بھی ایک اور شہر ہے
اور چاندنی دُھند ہے
کسی گوشے میں خلا کے

بوجھل ہیں یادوں سے پرانی سڑکیں
لے گئیں گھنڈیاں مشینوں کی
وہ ہنگامے وہ گہما گہمی
وابستہ تھی زندگی جن سے

بند ہیں اُن میخانوں کے در
ساقی کی نظروں سے جہاں
پیا کرتے تھے رندوں کے ہجوم

جدھر دیکھئے نہ مرد ہے کوئی نہ زن
دفن ہو چکا یہ امتیاز
کیمیاگروں کے ذہن میں

اب نہ ماں کوئی ہے نہ باپ
نہ بھائی نہ بہن
لوگ جو نظر آتے ہیں
ذہین ہیں حسین ہیں ماہر ہیں
لیکن سب آرڈر پر بنے ہیں
نہ کہیں ربطِ انسانی
نہ محبت نہ حسرتِ عصیاں
نہ درد نہ دردمندی
موت آتی ہے سب کو لیکن
کوئی مرتا نہیں
ختم ہو جاتی ہے خود
تھک کر زندگی

دور نہیں حدودِ امکاں سے
یہ ہوش شکن منظر
یہی کہتے ہیں اہلِ فہم
پیچیدہ عنوان کے مصنف
کتابوں کے پڑھنے والے
یہی کہتے ہیں
لیکن یقین ہے مجھ کو
کہ کچھ ہے میرے انسان کی مٹی میں

جو تھام لے گا اُسے
نیستی کی سرحد پر

میں جانتا ہوں
کہ نہ درد مٹے گا نہ دردمندی
ویسی ہی رہے گی ممتا ماؤں کی
بچوں کی ہنسی
اور جوان سینوں میں
ویسا ہی رہے گا
جنونِ عشق
بڑھ جائے گا ہاتھ خود
ٹھیس اگر لگی کسی کو
اور رونا بھی آئے گا
رونے پہ کسی کے
اسی لئے للکار کر
پوچھتا ہوں میں
کہ آخر کون ہے
جو محبت کا جنازہ اٹھا سکے

Far Over the Horizon

Cities drown the stars
And the sad shadows
Of city lights
Hide the barren
Darkness of night.
The moon
Is a city now,
And moonlight a mist
In a corner of space.
The old roads
Are burdened with memories.
The clicks of machines
Have robbed
The vibrant jostling
That life was intimate with.
And the doors of taverns
Where wine-lovers
Came to drink
From the eyes of the *saqi*

Are now closed.
Wherever you look
There are no men, no women.
The difference is buried
In the brains of chemists.
There is no mother, no father,
No brother, no sister.
The people you see
Are bright and beautiful
And expert in their fields,
But all are made to order.
Lost is human attachment,
Love, the desire to sin,

Pain or compassion.
But death does come to all
Though no one dies.
Life, exhausted

Just ends.
Not too distant
From the boundaries
Of the possible
Is this mind-shattering scene.
So say the learned,
The authors of complex titles
And the scholars.
Still
I believe
That intrinsic
To the substance of man,
There is something
That will pull him back
From the very edge

Of annihilation.
I know,
Neither pain will die
Nor compassion.
Mother's love will survive.
So will
The laughter of children,
And in young breasts,
The madness of love.

A hand will still reach out
When someone stumbles
And tears will brim
To see someone cry.
And so I declare

That there is none,
But none,
Who can ever bear
The coffin of love.

وقت اور زندگی

شام ٹھہر گئی
دریا کے کنارے
کہ پانی کی اُجلی گہرائیوں میں
اپنی خود آرائی کا امتحاں کر لے
آبِ رواں کی رفتہ اُمنگوں نے
اور سنوار دیا آسمانوں کی بیٹی کو
پرتوِ حسن حسین تر نکلا
پانی کی شفّاف خلوت گاہ میں
حسن بے نقاب تھا
ہزاروں قطروں کے ولولے راس آئے
اور اُن کے دل لَو دینے لگے

پھر عکس نے پیدا کیا
وہ درد جو حقیقت سے نہ ہوا
ایک تسلسل سرمدی کے مُطیع
قطرے بہتے رہے
دُوریاں مجبوریاں بنتی رہیں
ہزاروں دلوں کی لَو
لہروں میں دب دب کر
بجھتی رہی

اور دریا
اپنی آنکھوں میں قطروں کو سجائے
اپنے سینے سے شام کو لگائے
دور سے دیکھتا رہا

شام سرشارِ حسن
اُمنگوں سے رخسار سنوارے
دریا کے کنارے کھڑی
عشق کے شعلوں کی لپک
آہوں کے بدلتے ہوئے رنگ
اپنے دل میں سماتی رہی
اور آہستہ آہستہ
اپنے روپ کا بھینٹ لئے
ہاتھوں میں منہدی رچائے
رات کے اندھیروں سے
گزر گئی

اور دریا
شام کو اپنی بانہوں میں سمیٹے
قطروں کو سینے میں پروئے
دور سے دیکھتا رہا

Time and Life

The evening stopped
By the river side,
To inspect her adornment
In the clear depths
Of the river.
Moving longings
Of the flowing water,
Enhanced the adornment
Of the sky's daughter.
Beauty reflected
Was more exquisite
In the transparent
Privacy of water.
Unveiled,
It fulfilled the yearnings
Of a thousand drops,
Whose hearts began to glow.

Yet again a reflection
Caused pain
That reality could not.
For, bound to perpetual flow,
Drops kept moving on.
With distance grew helplessness
And the glow
In a thousand hearts
Was slowly
Buried under the waves.
And the river,
Drops adorning its eyes,
And the evening in its embrace,
Watched from a distance.

The evening intoxicated
With her own beauty,
Her cheeks decked with yearning
Stood by the river side
Infusing in her heart
The glowing embers of love,
The changing colours of sighs,
And slowly, slowly,
Bearing the sacrifice
Of beauty in her hands,
Decked with *mehndi*,
She passed
Through the darkness of night.

And the river,
Holding the evening in its arms
And drops strung in its breast,
Watched from a distance.

خراج عقیدت[1]

ہو چکی بارش
گئے گرجتے گونجتے بادل
اب اپنے نیل کے دھلے گداز سینے سے
پربتوں کی بے داغ چوٹیوں کو لگائے
اتر رہا ہے فلک
رات کی وادیوں کی طرف
اک عظیم خاموشی
کہ شجر شجر پتا پتا بے حس
بے آواز ہر پرندِ خوشگلو
اتھاہ سناٹا
اور ڈھلتی ہوئی شام کی آنکھوں میں
ایک پاکیزہ سی اداسی
جیسے بہت بھلا انسان کوئی
جھٹپٹے میں
آہستہ سے
گزر جائے

[1] رمیش تھاپڑ کے گزرنے پر

In Remembrance*

The rain is done.
The thundering
Echoing clouds have gone.
Now with the pristine
Peaks of the mountains,
Clasped to its blue,
Washed, warm breast,
The sky is descending
Into the valley of night.
There is a deep silence.
Every tree, every leaf
Is motionless.
Every singing bird
Without a sound.
There is a fathomless silence
And in the eyes
Of the dying evening
A pious sadness,
As a good man
Might gently pass away,
In the dusk.

*At the passing away of Ramesh Thapar.

کلام

(۱)

اظہار کرنے کی چاہ
باہمدگر عمل کی آرزو
ربط ولگاؤ کی آس
تخلیق کی پھوٹتی کرن
خوبصورتی کی پہلی جھلک
اور زبان کے دائمی اصول
تمام گھل مل کر
تُخمِ محبت ہیں
اور وحدانیت کی حقیقت
جو کائناتی کلام ہے
اور ازل سے ہے

اولیں روشنی سے پہلے
جب اندھیرا نہ تھا
کلام تھا

(۲)

میں تم سے بات کرنا چاہتا ہوں
کسی راز کی نہیں
نہ حالِ دل کی
بس بات کرنا چاہتا ہوں
اس لئے نہیں کہ تم کو چاہتا ہوں
یا خون کا تم سے رشتہ ہے
بلکہ اس لئے
کہ تم بھی میری طرح
بات کرنا چاہتے ہو
میں جانتا ہوں
کہ تمہارے دل میں پنہاں
وہی اظہار کی چاہ ہے
جو مجھ میں موجزن ہے
اور بیتاب ہے
کہ باہمدگر عمل کا سلسلہ چلے
ہماری پہچان کا سکّہ بنے
ثبوت ملے
کہ زندہ ہیں ہم
اور ہمارا تعلق ہے
کائناتی کلام سے

(۳)

تمہارے اور ہمارے
اظہار کرنے کی چاہ کا
سنتا ہوا چھوتا ہوا مفہوم
آپسی رشتے کی مانگ
یہ تخمِ محبت
اگر ہم چاہیں
تو الفاظ کے آنے جانے سے
تخلیقی نطق کے دم سے
اشاروں مسکراہٹوں
اور ہنسی کے لین دین سے
نرم جذبات کے گداز سائے میں
کونپلوں میں پھوٹ نکلے
اُگے بڑھے
شاخیں نکلیں پھیلیں
پرندے گھونسلے بنائیں
راہرو سائے میں رُک کر دم لیں
شاخوں پر پھول کھلیں پھل آئیں
جنھیں بچے بوڑھے سب کھائیں
اور پھر
نہ جانے کتنے نئے بیج

اور اُگیں بڑھیں پھلیں
مگر شرط یہ ہے
کہ پیار سے ہم
پیار کو سینچیں
اگر ہم چاہیں

اور اگر ہم چاہیں
تو ہم آہنگ ہو جائیں
کائناتی کلام سے

(۴)

جہاں ہم اور تم
بات کیا کرتے ہیں
وہاں دیوار کرسی پردے
کھڑکی اور اُس کے باہر
پیڑ سڑک سمندر
غرض کہ ہر چیز دیکھنے میں فرق
ٹھوس کوئی پتھر کی طرح
کوئی بہتا پانی جیسے
یا ہوا میں ہوا کی طرح
شکل الگ رنگ الگ
مہک الگ
لیکن ہر چیز ہو کے بھی
وہ نہیں جو نظر آتی ہے
حقیقت اصل میں کچھ اور ہے
یعنی برقیوں[1] کی حرکت
جیسے فضا میں
بجلی کی سلگتی لکیریں
یا کئی نقطے
یہاں سے وہاں وہاں سے یہاں
جگنوؤں کی مانند

[1] Sub-atomic particles

رواں دواں

لیکن مقرر نہیں کسی کا مقام

نہ وقت میں

نہ خلا میں

بے جان قدرت کی یہی حقیقت ہے

طے شدہ ایک باہمد گر عمل

ایک روشن مگر بے حس نمونہ

جسے قدرت کی تخلیق کہیے

یا اُس کا چہرہ

(۵)

تم اور ہم
اور وہ تمام جاننے والے
جن سے رسم وراہ ہے
ایک جھرمٹ ہیں
جہاں کسی اور کو اپنے تلک
اور خود کو کسی اور تک
پہونچانے کی خواہش
اور قربت کا اشتیاق
ایک بے چین دھڑکن ہے
اور ہم سب
اِسی خواہش کو
اِسی اظہار کرنے کی چاہ کو
الفاظ کے دم پر
معنی کی ڈوریوں سے
بُنا کرتے ہیں
ایک باہمد گر عمل کا
خوبصورت نمونہ
تخلیقی برقیوں کا جیسے
ایک مہکتا جھرمٹ

(٦)

وہ تمام ہم اور تم
جن کے درمیان
نہ رسم وراہ ہے
نہ کسی کو کسی تک پہونچنے کی خواہش
ایک اجڑا جھرمٹ ہیں
ٹوٹے ہوئے رشتوں کے جھاڑ
جہاں رفاقت اور لگاؤ سے الجھن
تعصب اور خود پرستی
حقارت ونفرت سے دوستی
باہمد گر عمل کڑواہٹ سے بوجھل
یا حرصِ مفاد سے اوجھل
گفتار یا تو بے معنی
یا زہر آلود پھُنکار
آپسی لین دین
داغ دار فسردہ ڈوریوں سے بُنا
ایک بوسیدہ نمونہ
نہ تخلیق سے سروکار
نہ حسن کا پرتو
قبا میں تنزل کے نیستی

اولیں روشنی کے بعد
جہاں کلام نہ تھا
اندھیرا تھا

Kalaam*

I

The urge to express,
A longing for mutual interaction,
Hope for shared affection,
The original ray of creativity,
That first glimpse of beauty
And the eternal
Principles of language.
All mingled and fused into one
Are the seed of love,
And the true reality of union,
The cosmic *kalaam*
Eternal.

Before there was light,
When there was no darkness
There was Kalaam.

---

* Literally *kalaam* in Urdu means utterance, but in usage it refers to the creative expression, particularly poetic expression, which involves a creative interaction between the poet and his audience based on a common responsiveness to beauty.

II

I want to talk to you,
Not about some secret
Nor my emotional life.
I simply want to talk to you.
Not because I love you,
Or am related to you by blood,
But because you too
Like me
Want to talk.
I know
That hidden in your heart
Is the same urge to express
That moves me
And is impatient
That the process
Of our interaction begins,
That the coin of our identity
Circulates,
That there is proof
That we are alive
And have a relationship
With the cosmic *Kalaam*.

III

The listening touching meaning
Of the urge to express,
And the want
Of mutual relationship
Is the seed of love.
Which can, if we want,
In the coming
And going of words,
Inspired by creative speech,
Gestures and smiles
And the exchange of laughter,
Sprout
In the warm shade of our emotions
And grow tall,
Extending branches that spread
Where birds nest
And in the shade
Travellers rest.
And on the branches
Grow flowers and fruits
That the young and the old eat.
And then
We know not how many
New seeds sprout
And grow into trees
And bear fruit.
Yet all of this,
On one condition:
That we nurture love
With love.
If we want.

And if we want,
We can,
In harmony chime
With cosmic *Kalaam*.

IV

Where you and I
Customarily talk,
The walls and chairs,
The curtains, the windows and the
  outside,
Trees, roads and the sea;
Everything seems different.
Some are solid like stones,
Others flow like water,
Or in the air are like air.
All differ
In shape, colour and smell.
And while everything exists
Nothing is but what seems.
Reality lies,
In fact elsewhere:
In the movement
Of sub-atomic particles,
Like ignited lines of lightening
Running through the air,
Or like several dots
Darting back and forth
In the same way
That fireflies do,
But not located in time
Or in space.
This then is the reality
Of lifeless nature:
A predetermined interaction,
A glowing but lifeless pattern
That one might call
Nature's creative expression
Or its face.

V

You and I
And everyone we know
And relate with
Are a cluster,
Where the desire
To reach out to someone
Or to draw someone closer,
And the yearning for intimacy
Is a restless
Throbbing of the heart.
And all of us,
On the strength of words
And the strings of meaning,
Weave our desire for closeness
And the urge to express
Into an exquisite pattern
Of mutual interaction,
Like a fragrant cluster
Of creative electrons.

VI

All 'you' and 'I'

Among whom
There is no communion,
Nor desire
To reach anyone,
Are a desolate cluster—
Bare bushes
Of broken relations—
Where fellowship
And warmth annoy.
Prejudice and self love,
Disdain and hatred
Like friends, respond.
Interactions are burdened
With bitterness,
Or obscured
By greed of profit.
Conversation,
Is bereft of meaning
Or, poison-laden hissing.
Mutual give and take
Is woven
With sad mottled threads
Into a putrid pattern
With no creativity
Or imprint of beauty.
In the garb of decay,
Nemesis.

After there was light,
Where there was no kalaam
There was darkness.

میں تو وہیں تھا

سرمئی سانولی مرمریں
چٹّانوں کا وقت
میری ابدیت کا پرتو
جس کو حسین مجسّموں میں تراشا
تم نے

متبرّک ایوانوں کی
شفّاف کھڑکیوں کے اُجالے پر
تشبیہات کے رنگین لہجوں میں
تصور کیا مجھ کو
تم نے

مائل پرواز
میناروں کی صحبت میں
محرابوں کے رخ سے
میری طرف اشارہ کیا
تم نے

ٹنٹناتی گھنٹیوں کی
پرحس ومدُھر ہلچل میں
میناروں سے ابھرتی
اساسی لے کی کشش میں
ہم آہنگ آوازوں کے
مشترکہ سوز وسُر میں
مجھ کو ڈھونڈا
تم نے

بہت جتن کیے تم نے
مجھ تک آنے کے لیے
زیارتوں میں گئے
میلوں چلے
تشنہ لب بھوکے رہے
حواسِ خمسہ کو مقفّل کیا
عام خواہشوں کو
زیرِ ضبط کیا
حسن کی رعنائیوں سے بھی
منہ پھیر لیا
بہت جتن کیے تم نے
مجھ تک آنے کے لیے

مگر میں تو وہیں تھا
جہاں تم ہو

ہر حرکت بازو میں تھا
گرنے والے کو سنبھالا جس نے
جو بھر آئی دوسرے کے درد سے
میں اُس دیدۂ تر میں تھا
سنور گیا دلِ مضطر جس سے
اُن الفاظ کی سوچ میں تھا
بے ساختہ قربانیوں کی
گداز مسرت میں تھا
ربطِ انسانی کے خاموش
رنگوں میں تھا
بے لاگ و بے غرض
محبت کے نغموں میں تھا
جن کی آنکھوں میں
رقم نہ تھا گناہ ابھی
اُن بچوں کی ہنسی میں تھا

میں تو وہیں تھا
جہاں تم ہو

لاچار غربت زدہ
ٹوٹے ہوئے لوگوں کی آہ میں
میں منتظر رہا تمہارے لیے
تم نے دیکھا بھی مجھے
مگر پہچانا نہیں

I Was There

The time
Of black, gray, marble rocks,
A reflection of my eternity.
These rocks you chiselled
Into beautiful images.

On bright, transparent windows
Of blessed buildings
In similes of multi-coloured tones
You painted me.

In the company of minarets
Inclined to take flight
And by the direction of arches,
You pointed at me.

In the lively dulcet commotion
Of tintinnabulating bells,
In the magnetism of a primeval rhythm
Rising from the minarets,
And in a warm composition
Of orchestral sounds
You looked for me.

You did everything
To come to me.
You went on a pilgrimage,
Walked miles,
Endured thirst and hunger,
Locked out your senses,
Suppressed common desires,
Turned your face away
From beauty.
You did everything

To come to me.
Yet I was there
Where you were.

I was in every move
Of an arm
That held a person
From stumbling.
I was in those eyes
That at someone's pain
Filled with tears.
I was in the thought
Hidden in the words
That cheered an anguished heart.
I was in the warm joy
Of unpremeditated sacrifice.
I was in the silent colours
Of human communion.
I was in the music
Of selfless love.
I was in the laughter of children
Whose eyes had no record of sin.

I was there
Where you were.

In the sighs of helpless
Poor broken people
I waited for you.
You saw me too,
But knew me not.

بڑا دن[۱]

یہ سرو ہے یا صنوبر
درخت یا شاخ
کتنی دلکش ہے یہ سجاوٹ
یہ دھج
چھلکتے ہیں قمقموں سے رنگ
جھانکتے ہیں ننھے کھلونے
پتیوں کی جھرمٹ سے
جھپکتی ہیں روشنی کی آنکھیں
جیسے جگنوؤں کی محفل

سرو ہے یہ نہ صنوبر
ایک علامتی درخت ہے
بچوں کے خوابوں کی تعبیر ہے
اس کے سائے میں
تحفوں کا انبار لگتا ہے
عزیزوں کا پیار ملتا ہے
سالگرہ ہے محبت کی
آج کے دن

۱ کرسمس

بیس صدیاں گئیں

کہ اسی دن

کسی غریب کے آنگن میں

ایک بچے کا جنم ہوا

جنم کیا معجزہ ہوا

کہ چھٹ گئیں پر چھائیاں

کھل گیا ایک روشن جہاں

کٹ گئے تمام فاصلے

انسان کو محبت کا سراغ مل گیا

نہ رہا تاجدار کوئی نہ غلام

نہ بھکاری نہ سرمایہ دار

نہ برہمن نہ اچھوت

ہمسایہ بن گیا ہر بشر

قوموں کی حدیں اٹھ گئیں

خدا خود انساں کے گھر آ گیا

آج کے دن

سالگرہ ہے محبت کی

آج کے دن

کھل گئے فردوس کے در

بڑھاؤ ہاتھ

کہ پیار کا دور چلے
مٹا دو رنجشیں تمام
اور باندھ دو گھنگرو
امن کے پیروں میں
کہ بات بڑھ گئی
چین و سکون سے آگے

مناؤ جشن
کہ نغمہ سرا ہے آج فضا
اور رقصاں ہے خود امن
آج کے دن
سالگرہ ہے محبت کی
آج کے دن

Christmas

Is this a cypress or a pine,
A tree or a branch?
How beautiful the decorations,
The dazzle.
Colour spills from bulbs
And out of the clusters of leaves
Little toys peep.
The eyes of light blink
Like an assembly of fireflies.

This is neither a cypress nor a pine.
It is a symbolic tree,
An answer to a child's dream.
In its shade
Are laid bundles of gifts
And the love of dear ones.
It is the birthday of love
On this day.

Twenty centuries ago
In the yard of a poor man
A child was born.
Not a birth but a miracle.
For shadows dispersed
And brightness came to stay.
Human distances were erased
As man found the way to love.
No longer was there a king
Or a slave,
A beggar or a rich man,
A *brahmin* or an untouchable.
Everyone became a neighbour.
Nations lost their boundaries
As God himself

Came home to man
On this day.
It is the birthday of love
On this day.

The portals to Paradise
Are wide open.
Stretch your hand
That the goblet of love
Might pass around.
Banish all grudges
And tie bells
To the feet of peace,
For things have gone
Beyond tranquility.
Celebrate.
The air is on song
And peace itself is dancing
On this day.
It is the birthday of love,
On this day.

ہیروں کا جڑاؤ

نومبر کا مہینہ تھا
دُھلا ہوا تھا وقت
الوداع کہہ چکے تھے ابر
ہو چکی تھی بارش
فلک تھا کہ سکوت کا گُنبد
لے رہی تھی سانس فضا
نیند میں جیسے
اور دُور
کھِنچی ہوئی
شفاف ہوا کے اُس پار
برفیلی چوٹیوں کی قطار
نیل کی تاباں زمین پر
ہیروں کا جڑاؤ
یا خنک دھوپ کے بدن پر
دمکتی بیلے کی لڑی
اتنا خاموش تھا سماں
کہ کہیں سے
کسی آواز کی خبر نہ تھی

میں بیٹھا ایک چٹّان پر
دیکھ رہا تھا
قدرت کا بے پناہ جاہ وجلال
منوّر اس قدر
کہ چُندھیا جائیں آنکھیں
محوِ منظر تھی میری روح
کہ کسی کا دستِ شفا
بخش گیا پاکیزگی میرے جذبات کو
اور چھوڑ کر وقت کا دامن
میرے وجود نے بلندیاں چھولیں

Studded Diamonds

It was November.
Time was washed and clean.
Clouds had taken their leave
And there was to be rain no more.
The sky was a tranquil dome
And the atmosphere was breathing
As in sleep.
Far away
Across the transparent air
A line of snow peaks lay
Like a row of studded diamonds
On the glowing blue,
Or like on the cool body of sunshine
A string of shimmering jasmine.
The ambience so quiet
That from nowhere
Came even a hint
Of approaching sound.

I sat on a rock
Looking at the grandeur
Of nature's beauty.
So luminous
That my eyes were dazzled.
As my soul
Was engrossed in the scene
Someone's healing hand
Touched me
And infused my emotions
With piety.
And letting go of time
My being soared
Into a higher realm.

کبھی کبھی

یہ جیئے لمحے
زندگی کے پراگندہ نقش
سانسوں میں سمائی گھڑیاں
تنہائی کی گمنام خلا
طپش کے بھڑکتے شعلے
دکھ کی بیٹھی ہوئی ریت
مسرت کے آبشار
ملن کی پھوار
وصل کی تپتی بارش
شیرازۂ روز وشب
یہ تمام
ماضی کے ہاتھوں سے نکل کر
کبھی بازگشت کی گلیوں سے گزرتے
بنتے بگڑتے
دامِ خرد میں
فکر کے پیچ وخم سے الجھتے
بکھر کر سنورتے
سنور کر بکھرتے
یہ جیئے لمحے

جن کو میری دھڑکنوں نے تراشا

یہ میری یادیں

زندہ ہیں میرے ذہن میں

اور ان کے قدموں کی آہٹ

میری روح

سنتی ہے

اور کبھی کبھی

انہیں جیئے لمحوں کی سرحد پہ کھڑی

میری روح

اپنی یادداشت میں گم

چھو لیتی ہے

کھلی آنکھوں سے گویا

نور کے شفاف بادل

نرم اجالوں کی بوچھار

ہلکی ہلکی

پھولوں کی معصوم خوشبو

ایسا عالم

کہ جیسے تمثیل کہیں یا آئینہ

ہے تمام خلوص

تمام محبت

جس سے آشنا تھی میری روح کبھی

جیے لمحوں سے پہلے
مگر آج
بس ایک احساسِ شناسائی ہے
جو میرے ذہن سے کبھی کبھی
ایسے گزرتا ہے
جیسے دھند میں
ایک مہیب چہرے کی جھلک

Sometime

These lived moments.
Scattered images of life.
Fragments of time
Contained in my breaths.
Nameless void of loneliness,
Burning embers of anger,
Sediment of sorrow's sand,
Waterfalls of joy,
Soft drizzle of a rendezvous,
Sultry rain of making love,
The iteration of day and night.
All of these
Escape the past
And sometime wander
Through the lanes of an echo,
Becoming
And coming undone.
And sometimes
Caught in mind's net,
Entangled with twists of thought,
Scattering to reassemble,
Assembling to scatter,
These lived moments
That I had sculpted
With my heartbeats,
My memories,
Are still alive in my mind
And the sound of their footsteps
Is what my soul hears.

And sometimes
Standing on the edge
Of these lived moments
My soul,

Lost in its memory
Touches,
As if with open eyes,
Transparent clouds of light,
Drizzle of warm radiance,
Gentle
Innocent fragrance of flowers.
An ambience that
You might call a parable
Or a mirror.
But all is compassion,
All is love
With which my soul
Was intimate once,
Before these lived moments.
But now,
Only a sense of cognizance
Crosses my mind
Like the fleeting glimpse
Of a beloved face
Seen in the mist.

سیاہ برف

رات کی شاخیں
بوجھل اندھیرے سے
جیسے سیاہ برف کے پھائے
گرے
اور جہاں بھی گرے
پتوں پر شاخوں پر
وہیں رہ گئے
اور بادل
بھر لے گئے ستارے تمام
اپنی جھولی میں
گم ہے نگاہ
خود اپنے سائے میں
ٹٹول رہی ہو گویا
اپنی آنکھوں سے
روشنی کے در
چرا لے گیا کوئی
فضا سے نوا
اب گرانبار ہے
زمیں پہ خامشی

بس ایک الّو ہے جو کبھی کبھی
چونکا دیتا ہے
ہوا کا تیرہ سکوت

وقت
آ کے جانے پر مجبور
گزرتا رہا
اور سیاہ برف سے
ٹپکی
پہلی بوند
آمدِ آفتاب کی
اک آہنی سی آہٹ
اور گم شدہ
نظروں میں ہلچل
منتظر بے تابی
حلقوں میں آنکھوں کے

اور پھر جب روشنی آئی
سانولی چادر اوڑھے
تو نظر آ کے بھی
نظر نہ آئی

سامنے مکان تو دکھے

دریچے نہیں

کئی پیڑ بھی تھے

مگر شاخیں نہیں

اور پٹریوں پہ جو

سوئے تھے رات

کون جاگا

کون نہ جاگے گا اب

دکھائی نہ دیا

Black Snow

Branches of night
Burdened by darkness,
As if flakes of black snow
Had fallen,
And where they fell
There they did stay.
The clouds,
Having filled their bags
With all the stars
Had fled.
Sight was lost
In its own shadow,
Fumbling with its eyes
For the doors to light.
And with all sound
Stolen from the air,
Silence lay heavily
Upon the earth.
Only an owl,
Now and then,
Startled
The dark silence of the air.
Unable to control
Its own coming and going,
Time kept moving on
Until from the black snow
Fell,
The first drop,
A minuscule hint
Of the approaching sun.
There was excitement
In vision
That had no sight.
And impatience

In the expectant
Orbs of eyes.

And then came light,
Wrapped in a dusky shawl.
Visible
And yet not obvious.
Houses could be seen
But no windows.
Trees,
But no branches.
And of those who slept
On the pavement
The night before,
How many got up
And how many never would,
Could not be seen.

ہم اور تم

گھنی پلکوں کے تلے
غرق خود اپنی روشنی میں
تمہاری آنکھیں
اِک عالمِ پُراسرار
کچھ جاگا سا کچھ سویا سا
اِنہیں آنکھوں نے سمالی ہیں
نیندیں میری
چُن لی ہیں انہیں پلکوں نے
حسرتیں میری
کس کا آئینہ ہیں یہ آنکھیں
کون ہو تم؟
کیا ہو تم؟

ایک گنگناتی آبجو
اتراتی ہوئی خوشبو کی لے
کھِلتی ہوئی کوئی کلی
یا گلِ رعنا پر قطرۂ شبنم
مجسّم حسن کی تشبیہ ہو تم
میرے جذبات کا خواب ہو تم

یہ سب ہو
مگر میں جانتا ہوں
کہ تمہاری آنکھوں میں کشش
میرے وجود سے ہے
اور میں بھی کامل ہوں
تمہارے حسن کی تکمیل میں

You and Me

Under those
Dark thick eyelashes,
Drowned in their own light,
Your eyes.
A hidden world of secrets
Half awake, half asleep.
These eyes
Have infused all my sleep
And the eyelashes
Have gathered all my longings.
Who do these eyes mirror?

Who are you?
What are you?

A humming stream,
A coy rhythm of fragrance,
The blossoming of a bud
Or a dew drop
On an exquisite rose?
You are an embodiment
Of the smile of beauty
And of the dream of my emotions.
You are all this,
And yet I know
That the charm in your eyes
Is only because I am.
And I too am complete
Only in the fullness
Of your beauty.

ٹیل[1] کے پنکھ

چیر گئے شام کا پیراہن
ایک تنہا ٹیل کے اڑتے ہوئے پنکھ
میں بیٹھا دریا کے کنارے
دیکھ ہی رہا تھا
کہ ایک بسرا ہوا درد
اٹھا
اور چیر گیا میرے دل کا سکوں

کتنی عریاں ہے
یہ ڈھلتی ہوئی شام
سہما ہوا ہے بے بس
سطحِ آب پہ عکس
عریاں ہے اور درپن میں عریانی
بے نقاب ہے درد کا ننگ
اور دل کی گہرائیوں تلک
برہنہ ہے رگِ جاں میں لہو

اندھیرا ڈھانپ تو دے گا
شام کی عریانی
مگر رات آئے گی

[1] ایک چھوٹی بطخ جو بہت تیز اُڑتی ہے

جب آئے گی
ابھی تو کوئی نہیں
جو شام کا پیراہن سی ڈالے
کوئی نہیں جو لوٹا دے
میرے دل کا سکوں
رات آئے گی
میرے جذبات کی تنہائی میں
درد اور چمکے گا اندھیرے میں
تب کہیں
ٹٹولیں گی میری آنکھیں
روشنی کی آہٹ کو
سحر تو آئے گی
ضرور آئے گی
جب آئے گی

Wings of a Teal*

The flying wings
Of a solitary teal,
Ripped apart the gown
That evening wore.
And as I watched,
Seated by the riverside,
A long forgotten pain
Struck,
And ripped apart
The tranquility in my heart.

How naked was the evening
In twilight,
Helpless and fearful.
Its image in the water
More naked
Than its nakedness.
Unveiled
In my emotions
Is the nudity of pain,
And through the veins
To the depths of my heart,
Blood courses naked.

Darkness, when it falls,
Will surely hide
The evening's nakedness.
But night will come,
When it comes.
There is no one now
Who can mend
The evening's sundered gown.
No one who can return
To my heart its tranquility.

---

*A small duck that flies fast.

Night will come
And in the solitude of my heart
Pain will peak in the dark.
Only then
Will my eyes fumble
For a glimmer of light.
Surely,
The morning will come,
But when it comes.

ہوا کے روپ

(۱)

کب چلی ہوگی
اپنے گھر سے نسیم
پو پھٹے جگا گئی مجھ کو
بڑا احسان کیا

بھیروی کا شگفتہ پہر
سر کتارات کا آنچل
ابھرتے نقش
شاخ و شجر
جن سے نغمے پھوٹیں
راگنیاں پر تولیں
ایک ہی پیمانے میں
ڈھلیں سُر و سرور
اور ہمہ تن گوش
خامشی میں
اور بھرپور تنہائی
محوِ نغمہ چھوڑ دیں
وقت کا دامن

رُکے لمحے
رات کے کنگوروں پر
منتظر ہیں
کہ جگائے آن کر
خوابیدہ کرنوں کو نسیم
آکاش کے درپن میں
روشن ہوں
ان کے قدموں کے نشاں
اور لوٹ چلے
گھر کو نسیم

(۲)
بانجھ اور صنوبر سے رنگے
ہوا کے سبز ہاتھوں کا لمس
جیسے ننھا نواسہ کوئی
نانا کا چہرہ ٹٹولے
یا گونگی اُمنگیں
دفعتاً بول پڑیں
پتوں میں سرسراہٹ ہو
تو گدگدی سانسوں میں
من ہلکورے لے

بدن میں تازگی پینگ بھرے
خنک دھوپ سے کھیلتی ہوا
چھو کے جو نکلنے
تو جی میں آئے کہ آواز دوں
جتنی شگفتگی دی ہے
سِوا شگفتگی لے جا
بہت بڑھ گئی
بوسیدگی جہاں میں

(۳)

سنسناتی چیختی
سرکش ہوا
چیرتی بکھیرتی
درختوں کا بدن
تھرتھراتے کانپتے
پتّوں کا غم
ماحول برہم
گڑگڑاتی ڈھول جیسے
دوڑ نکلیں بے لگام
گھوڑوں کے دل
ہوا کے دوش پر آئے گھٹا

گرجتی گونجتی
کڑکتی روشنی
لہرے فضا میں
جس طرح ناگن کی جیبھ
برسے تھپیڑوں میں عتاب
مائلِ سیل ہوں ندی نالے
ہر طرف طغیانی کی ضد
جانور پیڑوں تلے
اور شاخ پر چڑیوں کے جھنڈ
سمٹے ہوئے سہمے ہوئے
مرد و زن بچوں کو تھامے
بند کواڑوں میں بند

(۴)

چلے گا کب تلک لیکن
یہ دورِ سرکشی
تھم ہی جائے گا
یہ غیظ و غضب تھک کر
بکھر ہی جائے گی
یورشِ گھٹا آخر

اڑیں گے شاخ سے چڑیوں کے جھنڈ
کھڑکیوں سے لوگ جھانکیں گے
پگھل کر رنگ ابھریں گے
اُفق کے شگافوں سے
ٹپکیں گی تب بوندیں
پتّوں سے رہ رہ کر
جھالے کے بعد جس طرح
سُر ساز سے ٹپکیں
یا آلاپ کے آغاز میں
اک راگ سے ٹپکیں
یا پو پھٹے نسیمِ سحر
گھر سے پھر نکلے

The Faces of Wind

I

When was it
That the morning breeze
Left its home?
It was dawn when it woke me up,
And what a favour that was.

Refreshing hour of *bhairavi*.
Slipping *aanchal* of night.
Emerging images
Of trees and branches
And from these
Gushing melodies
As from a spring.
Raganies taking flight.
Intoxication and music
In the same goblet.
And with body and soul
Intent on hearing,
Silence, I,
And a dense solitude,
Deep in the melody
Let go of time.

Moments tarry
On the turrets of night
Waiting for the morning breeze
To awaken
The still dreamy sun rays,
That they might leave
Their footprints
Mirrored in the sky
And the morning breeze
May return to its home.

II

Hands of breeze
Greened by oak and pine,
Caress,
As a child's tentative hand
Might feel his grandpa's face.
Or mute longings
Suddenly finding words.
Leaves, as they rustle,
Tickle my breath
And pleasure ripples in my heart.
My body, as in a swing,
Sways with freshness
And as the cool breeze
Touches me
And passes on,
I call,
'You gave me freshness.
Take that
And more from me,
As decadence in the world
Has gone too far.'

III

Whistling, screaming,
Rebel wind.

Ripping, scattering
Limbs of trees.
Throbbing, trembling
Sorrowing leaves.
All around a rage.
Rumbling dust,
Like wild horses
Suddenly break into a gallop.
Clouds come
Riding on the wind's back.
Resounding, thundering,
Crackling light,
Darting through the air
Like a cobra's tongue.
Anger raining in sheets,
Streams and rivulets
Bent on spilling;
Everywhere
An obstinacy to flood.
Animals under the trees,
Birds on the branches,
Huddled in fear.
Men and women
Holding children locked
Behind shut doors.

IV

How long
Will this rebellion last?
The clouds will, after all, scatter,
The birds will fly off the branches,
People will peep out of windows,
Colours will melt
And ooze out of cracks
In the sunset.
Then
One by one shall fall
Drops from the leaves,
Like the spent notes
At the end of a *jhaala*,
Or the languid notes
At the beginning of an *alaap*,
Or like the morning breeze
That in gentle steps
Leaves, at dawn,.
Its home once again.

زخمی آنکھیں

دفعتاً سرخ ہو گئیں
سڑک کی آنکھیں
اور موٹریں جو بے ہنگم
چلی آتی تھیں
رُکیں
چپکے سے کچھ
اور کچھ چیختی ہوئی

اپنی بائیں جانب
اُس نے گھوم کر دیکھا
اِک کاسنی موٹر
صندلی کتابی چہرہ
شانے پر دوپٹہ
کچھ نیلا کچھ اودا
پشت پر کھلے گیسو
سرمئی آنکھیں
کہ اتنے میں......
داہنی کھڑکی سے
ایک آواز

رینگتی لڑکھڑاتی آواز
اُس کے تخیل کی اڑان سے
ٹکرا گئی
''بھوکی ہے بابو جی''
اشارہ تھا
ایک ہڈیوں کے پنجر کی طرف
اس کے سینے سے جو لپٹا تھا
''بھگوان بھلا کرے گا
دیا کرو بابو جی''
وہی پٹی ہوئی ہاری آواز
اور پیلے دانت
بالوں کے گچھوں تلے
ایک چُسا ہوا بجھا چہرہ
زخمی آنکھوں سے رِستا ہوا درد
میل سے رنگے چھتروں میں
سوکھی ہوئی ممتا
''ہٹو...... بڑھو
بھیس بنا کر
بھیک مانگتی ہو
کام کرو
جاؤ...... آگے بڑھو''

ممتا پہ یہ زد گہری پڑی
پلکوں نے
جُھک کر ڈھانپ لیا
زخمی آنکھوں کا درد
اور ہڈیاں
اپنی بھیس کی شرم لئے
بڑھ گئیں آگے

Wounded Eyes

Suddenly
The eyes of the street
Turned red,
And cars that came
Helter-skelter
Stopped.
Some quiet. Others screeching.

He turned to his left and looked:
A mauve car,
An oval, sandalwood-coloured face,
A stole on the shoulders,
Blue and purple,
Untied tresses hanging on her back.
Black eyes…

And then suddenly
From the window on the right
A voice,
A crawling, stumbling voice,
Crashed
Into the flight of his fancy.
'It is hungry, sir.'

As she pointed to
A cage of bones
Clinging to her breast.
'God will bless you.
Show some mercy, sir.'
The same beaten, defeated voice,
Yellow teeth
And under tussled hair
A sucked out, doused face.
Pain seeping out of wounded eyes

And in dirt-coloured tatters
A dried out motherhood.
'Get away…go.
You just make up to beg.
Work,
Go…go on.'

This unkind cut
Smote her motherhood deeply.
Her eyelids lowered
Concealing the pain
In her wounded eyes.
And the bones,
Bearing the shame of their disguise
Moved on.

خون کے داغ

میرے دامن پر خون کے داغ لگے
لٹیروں میں میری عصمت بٹی
تو کیا

اخباروں میں سرخیاں چیخیں
سیاسی سبھاؤں میں شور مچا
تو کیا

داروغہ کے گھوڑے بھی دوڑے
لٹیرے پکڑے بھی گئے
تو کیا

سماج کا ضمیر پھر چونکا
پھر ایک بار دردمندی کے سوتے پھوٹے
تو کیا

خون کے داغ میرے دامن سے
میری رگوں میں رواں لہو پر
کب کے اتر بھی چکے
اب کیا

Spots of Blood

My garment was smeared
With spots of blood.
My honour—shared by robbers.
So what!

Headlines shrieked.
There was loud commotion
In political assemblies.
So what!

The police put out its minions
To hunt the robbers.
They were apprehended also.
So what!

Once again society's conscience
Was aroused.
Again the springs of sympathy
gushed.
So what!

Spots of blood from my garment
Have long since been etched
On the blood in my veins.
Now what?

عائشہ[1]

تھرکتے ہوئے پتّوں میں
پیلے پھولوں کی جھنکار
سات رنگوں میں
گلاب کے جوبن کا نکھار
کہیں چھلکتا گلابی
کہیں سرخ تو کہیں اُودا
غرض کہ ہر رنگ میں ملبوس ہے
اِس آنگن کا بدن

درخت ہے اک نوخیز یہاں
چھِترے سائے میں جس کے
گھاس پر لیٹا
میں دیکھ رہا ہوں
روشنی میں گھُلا آسمان کا نیلؔ

اور دھوپ میں شرابور ہوا
درختوں اور ٹیلوں سے
گزرتی ہوئی
جیسے ایک سفید فاختہ کی
بے داغ اُڑان
حلقہ در حلقہ

---
[1] میری نواسی

پھیلا ہوا اِس درخت سے
ماحول کے حاشیے تلک
سکون
ایک تنہا بے زبان ٹھہراؤ
نہ کشمکش کوئی نہ اندیشہ نہ ڈر
یادوں کی چُبھن نہ آج کے غم
نہ ہی کل کی فکر
بس ہر موئے بدن سے
میری روح تک
امن کا لَمس
مگر پھر بھی کچھ ہے
کہ میں امکاں کی سرحد پہ کھڑا
منتظر ہوں..........
کہ لو آ گئی عائشہ
لِپٹ گئی آن کہ مجھ سے
چڑھ گئی کاندھے پہ میرے
تنہائی کے ٹھہراؤ کو
زباں مل گئی
پھوٹ نکلی امکاں کی زمیں سے
تکمیل کی کونپل
نغمہ سرا تھا اب سکوں
اور رقصاں تھا ہر اک انگ
اِس آنگن کے بدن کا

Ayesha*

Yellow flowers jingling
In the midst of prancing leaves.
Ravishing charm of roses
In each of the seven colours.
Slender twigs
Embellished with peach blossoms.
A sprinkling of pink
And of purple and red.
Truly this yard in its limbs
Is decked
In every colour.

There is a young tree here.
Lying on the grass
Under its dappled shade,
I watch
The blue of the sky
Dissolve in light.
Drenched in the sun
The gentle breeze
Passes over trees and mounds
Like the pristine flight
Of a white dove.

From this tree
To the margins
Of the surrounding space
Stillness spreads
In expanding bands.
A lonely speechless calm
Without tension, anxiety or fear,
Or the pricking of memory.
No sorrows of today
Nor worries of tomorrow.

*My granddaughter.

Simply,
From every pore of my body
To my soul
A caress of peace.

Yet
There is something
On the edge of the possible
That makes me stand
Waiting expectantly.
When suddenly
Comes Ayesha
And clings to me.
She climbs on my shoulder
And lo!
The solitude of tranquility
Suddenly finds speech,
And out of the soil
Of the possible
Springs wholeness in a bud.
Tranquility sings
And in every limb
The yard
Dances.

لائیلا[1] کے لئے

صنوبر کے اک جنگل میں
چھوٹا سا کھلا میدان
بچھی ہوئی گھاس
جس میں جنگلی پھول
سفید پیلے اُودے نیلے
اپنے پنجوں پہ کھڑے
سونگھ رہے ہیں گویا
جنگلی گلابوں کی مہک
اور قریب ایک آبجو
مگن تتلیوں کی طرح
تھرکتی بل کھاتی جا رہی ہے
ایک چٹان کی جانب

''کتنی خوبصورت ہے یہ جگہ
پریاں کھیلتی ہوں گی یہاں''
لائیلا نے کہا
''یقیناً''
اور اشارہ کر کے چٹان کی جانب
نانا بولے
''ایک شگاف ہے اس چٹان میں

---

[1] میری نواسی

جس پر پہرہ ہے پریوں کا
لیکن اگر بچے......
اچھے بچے......
چاہیں تو جھانک کر
جنت دیکھ لیں
کیا تم دیکھو گی؟"

یقین کی سرحد پہ کھڑی
حیرت زدہ
سوال پلکوں پر ٹکا
لائیلا بولی
"سچ مچ نانا؟"
"ہاں سچ مچ......مگر پہلے
ایک آنکھ سے دیکھنا ہوگا"

دیکھتی ہے لائیلا
پنکھڑی پر پھول کی
بھیروی شبنم میں بند
ڈھلے گگن کے نیل پر
دمکتے نقرئی پھائے
وہ جشن رنگوں کا
کہ گونجیں ساز کے تار

کھل کر بکھرے پانی پر
گیسو بیدوں کے خمدار
جھاڑیوں میں پھول بھرے
ہلچل خوشبوؤں کی
چہچہاتی لَے میں چڑیاں
ہرن مست کلیلوں میں

''کیا دیکھا تم نے؟''

چمکتے تارے آنکھوں میں
حیرت سے آواز بھری
بولی...... ''تصویریں
ہر تصویر کا اپنا رنگ
اپنی مہک اپنی دھن
رنگ کبھی مہک لگے
مہک دھن
حیرت انگیز منظر تھا......اور
بے حد خوبصورت''

''چلو اب دوسری آنکھ سے دیکھو''
دیکھ کر بولی لائیلا
''بچے......ڈھیروں بچے

دبلے موٹے کالے گورے
ستھرا کوئی گندہ کوئی
لڑکے لڑکیاں سب کے سب
ہنستے ہنساتے کھیل رہے تھے
اپنا سا کچھ لگتا تھا''
بھر کر حامی نانا بولے
''اب دونوں آنکھوں سے دیکھو''

پھر جو جھانکا لائیلا نے
خوشی سے چہرہ کھل اٹھا
تالی بجا کر بولی وہ
''ایسا لگتا ہے جیسے
تصویر جو ادھوری تھی پہلے
کسی نے آ کر پوری کر دی''

''بچوں نے'' نانا بولے
''جن کے دل میں چھل نہیں
کھوٹ نہیں بیر نہیں
معصومیت ہے پیار ہے
اور دوستی
انہیں بچوں سے رعنائی ہے
قدرت کی شباہت میں

جس طرح
کٹورے میں چاندی کے
بھرے ہوں پھول چنبیلی کے
اور سارا کمرہ مہک اٹھے
ایسی ہی کچھ جنت ہے''

''لیکن لوگ تو کہتے ہیں
کچھ اور ہی ہے جنت''
''ہاں لوگ تو اپنے من کی جنت
بیٹھے گھڑا کرتے ہیں خود
اور لے کر تلوار بندوق ترشول
نکل پڑتے ہیں جنت پانے
سچ پوچھو تو لائیلا بیٹی
دنیا جیسی بچوں کی ہے
ویسی ہی کچھ جنت ہے''

For Lyala*

In a pine forest
A small glade
Laid with grass,
In which
Purple, white, blue and yellow
Wild flowers,
Stand on their toes
Stretching
To smell
The fragrance of wild roses.
And nearby a stream flows
Towards a rock,
Like gaily absorbed butterflies
Prancing and weaving in the air.

'How beautiful this place is.
Surely fairies play here,'
Declared Lyala.
'Indeed,' grandpa said,
Pointing to a rock.
'There is a crack
In that rock
Which fairies guard.
But if children—
Good children—
Peep through the crack
They can see Paradise.
Would you like to see?'

Standing wonderstruck
On the edge of disbelief,
A question balanced on her eyelids,
Lyala spoke,
'Really Grandpa?'
'Yes really.

* Lyala is my granddaughter.

Bur first
You must see only with one eye.'
Lyala looks.

On the petal of a flower
Bhairavi locked in a dewdrop.
Over a washed blue sky
Shimmering silvery flakes.
Celebration of colours or echoes
From a stringed instrument.
Untied curly tresses of willows
Dangling over water.
Bushes brimming with flowers
And a jostling of fragrances.
Birds singing in harmony
And deer leaping in joy.

'What did you see?'

Stars sparkling in her eyes,
Voice choked with wonder
Lyala said, 'Pictures.
Each picture had its own colour,
Fragrance and rhythm.
Sometimes colour was fragrance
And then fragrance rhythm.
What a strange scene it was,
But so beautiful.'

'Now see with your other eye.'
Lyala looked and said,
'Children, lots of children.
Thin, plump, dark, fair.
Some clean, some dirty.
Boys, girls, all

Playing and laughing.
It seemed like my own world.'
Grandpa agreeing said,
'Now look with both eyes.'

Then as Lyala peeped
Her face beamed with joy.
She clapped her hands and said,
'It looks
As though someone
Has just finished
A half-done painting.'

'Children,' said Grandpa,
'Whose hearts are free
Of trickery, deceit and enmity,
And who are filled with innocence
Love and friendship.
It is these children
That lend beauty
To the demeanor of nature.
Just like a silver bowl
Filled with jasmine
Lights up a whole room
With fragrance.
Such is Paradise.'

'But people say that
Paradise is something else.'
'Yes, people on their own
Carve out a Paradise
To their liking,
And then with sword, gun or *trishool*
Go forth
To find it.
To tell the truth, Lyala,
The way the world of children is
So is Paradise.'

ہمارے درمیان

دکھ

دکھ
ہمارے درمیان
ایک کھو کھلی ہوا
جس سے گزر کر
نہ تم آسکو
نہ میں

لفظ
ہمارے لب پر
پھڑ پھڑاتے حروف
جیسے کسی شاخ سے
گرنے کو ہوں
سوکھے پتّے

خیال
تمہارے یا میرے
جیسے اڑتے پتنگ
تخّیل کے نیل پر
نقش بنا بنا کر
مٹاتے رہیں

جذبات

ہم دونوں کے
ایک کوری تختی
نہ کوئی نقش نہ پہچان
گمنام حوالے
اور کھو کھلی ہوا

خوشی

خوشی

ہمارے درمیان
بھرپور چاندنی
جس سے گزر کر
تم آتے رہو
اور میں بھی

لفظ

ہمارے لب پر
حروف کا سنگم
ہر قطرے میں نطق کے معنی
تم وہی سمجھو
جو میں سمجھوں

خیال
تمہارے یا میرے
اک شگفتہ کیاری
تخیّل کی زمین پر جیسے
لہلائیں
تخلیق کے پرچم

جذبات
ہم دونوں کے
ملن کی رات
اور اماں کے آنگن میں
ہر شب
بھرپور چاندنی

Between Us

Gloom

Gloom

Between us
Hollow air
Through which
Neither you
Nor I can pass.

Word
On our lips
Quivering alphabets
As if from a branch
Would fall
Dry leaves.

Thought
Yours and mine
Like kites in flight
Making sketches
On the blue of imagination
Only to erase them.

Emotion
For us both
A clean slate
Nothing to show or to know
Only unknown references
Hollow air.

Happiness

Happiness

Between us
Brimming moonlight
Through which
You always come
And so do I.

Word
On our lips
A confluence of letters
In every stitch of speech
Same meaning for you
As for me.

Thought
Yours or mine
A bed of flowers
In the soil of imagination
Pennants of creativity,
Waving in the air.

Emotion
For both of us
A nocturnal rendezvous,
In the courtyard of tranquility
Every night
Brimming moonlight.

وہ لفظ

وہ لفظ جو تم نے میرے لئے
صرف میرے لئے
مجھ سے کچھ شرما کے کہا
اُس لفظ کا لمس
رِس گیا میرے احساس میں
چاندنی رات میں جیسے
ہارسنگار کی خوشبو
اور دبے پاؤں
انگ انگ میں میرے
ڈولنے لگے
خواہش کے ہلکورے
مسرت آنکھ سے اُمڑی
آنسوؤں کا روپ لئے
تمام گلے شکوے
مرجھائے پتّوں کی طرح
جھڑ گئے چاہت کی بارش میں
ڈوب گئی جدائی کی ٹیس
انتظار کی بیتاب چبھن
اُس لمس کے گداز لمحے میں

جو رکا ہوا ہے اب بھی

کہ تم کہو...... پھر ایک بار

وہی لفظ

اور سمیٹ لو مجھ کو

اُس کے آنچل میں

That Word

That word you said to me
And to me only
And spoke so shyly.
The caress of that word
Seeped into my feelings
Like on a moonlit night
The fragrance of *harsinghar*.
And stealthily
In my limbs
The ripples of desire
Began to quiver.
Happiness spilled over in tears.
All hurts and complaints
Like dried leaves
Scattered
In the rain of love.
Pangs of your absence
And the pricking
Of impatient longing
All drowned
In the warm moment
Of that caress
Which still lingers
In the air,
Waiting for you
To once again
Say that word
And gather me
In its *aanchal*.

سنور جائے گا سناٹا[1]

تم آؤ گی میرے گھر میں
سنور جائیں گے سناٹے
ہر اک دہلیز چومے گی
تیرے قدموں کی آہٹ کو
در و دیوار بولیں گے
اٹھو وہ آگئی مالکن
لئے جلووں کو آنچل میں
ہر اک قندیل کی نظریں
شرم سے جھک سی جائیں گی
بکھر جائیں گے وہی رنگ
جنہیں دھرتی نے سونپا تھا
شفق کے لالہ زاروں کو
چلے گی پھر وہی پروا
جسے ساون کے سینے نے
پلایا دودھ ممتا کا

تم آؤ گی تم آؤ گی
سنور جائیں گے سناٹے

میں آؤں گی
ابیر و رنگ لاؤں گی
ہنر و علم لاؤں گی
ہر ایک دہلیز کے آگے
رنگولی خود بناؤں گی
ملا کر تیرے قدموں سے
قدم ایسے اٹھاؤں گی
ہلا دوں گی دلِ گیتی
فضا میں گونج اٹھیں گے
حیات و حمد کے نغمے

میں آؤں گی
میں آؤں گی

چلو اب سرنگوں ہو کر
یہی مانگیں دعا مل کر
کہ جتنی بھی محبت ہے
ہم دونوں کے حصے میں
وہ یا رب
سب ابھی دے دے
سب ابھی دے دے

---

1. میری بیٹی کرن کی شادی پر

You Will Come*

You will come into my house
And its lonesome quiet will glow.
Every doorstep will kiss
The sound of your footsteps.
Doors and walls will proclaim:
Arise, the mistress comes
With beauty wrapped in her *aanchal*.
The gaze of every candle
Will droop with shame.
And those colours
That the earth had left
In the care of sunsets
Will disperse in the wind.
The moist easterly breeze
Breast-fed by *saawan*
Will blow again.

You will come,
You will come
And bedeck my lonesome quiet.

I shall come
With colours of *holi*.
I shall bring
Knowledge and expertize.
By every doorstep
I shall make a *rangoli*,
And stepping
In harmony with you,
I shall move
The heart of this earth,
And in the air will resound,
Songs of life and praise.

---

*For my daughter Kiran's wedding.

I shall come.
I shall come.

Let us now bow our heads
And pray
That whatever love
Is in our lot,
O Lord, give all of it now.
All of it now.

سہاگ کی گرہ

چنبیلی کی اجلی لڑیوں سے
گیندے کی لٹیں
لپٹتی رہیں
شہنائی کے ہلکوروں میں
اگنی کی زرد لو
تھرکتی رہی
منتر منڈپ میں
منڈلاتے رہے
اور چندن کی خوشبو
دھوئیں سے ٹکراتی رہی

میری پلکوں کے تلے
کپڑے سے بندھی اک گرہ
پھیروں کی گردش میں
جھولتی رہی
دائیں بائیں دائیں بائیں
ناپ رہی ہو گویا
سہاگ کا وقت
ہر قدم تھا
کہ اک صدائے بازگشت

بدن سے روح تک
اک گونجتی تمنا
کاش بندھی ہوتی
رگِ جاں سے گرہ

میرے جذبات کے دامن سے
الجھنے لگی
میرے پیروں کی مہندی
وہم کے سائے میرے خوابوں پر
منڈلانے لگے
اور سوال......کئی سوال
میرے قدموں سے ٹکرانے لگے
کیوں نہ اپنا سکے وہ
مجھ کو میرے لئے
کیوں نہ ٹھکرادیا
میری کمتری کا نشاں
کیا وہ بھی مجبور تھے
میری طرح
آہ یہ مجبور مجبور سہاگ

میری سوچ میں
میرے خوابوں میں

سہاگ گھلنے ملنے کا نام
بدن میں ایک جشنِ روحانی
حسنِ تخلیق کا مظہر
اور ہاں جانِ محبت
میرے خوابوں کا سہاگ
گھلنے ملنے کا نام
کس نے ناپا ہے
سہاگ کا وقت

ہے ہر قدم
کہ اک صدائے بازگشت
بدن سے روح تک
کھنچی ہوئی ایک آرزو
یہ سہاگ
صرف میرا ہی کیوں
اُن کا بھی ہو

منتر منڈپ میں
منڈلاتے رہے
مگر چندن کی خوشبو
دھوئیں سے ٹکراتی رہی

The Nuptial Knot

Strings of bright jasmine
Embraced
Tassels of marigold.
In the rippling music of *shehnai*
Pale flames of the sacred fire
Danced.
Mantras under the canopy
Kept circling.
And the fragrance
Of sandalwood
Clashed with smoke.

Beneath my eyelids
A knot
Tied with cloth
Kept swinging,
Left, right, left, right,
As I circled
In my nuptial rounds,
Measuring, as though,
The span of my *suhag*.
Every step was an echo
From my body to my soul,
Yearning that the knot
Was tied not in cloth
But in heart-strings.

The *mehndi* on my feet
Entangled with
The garment of my emotion.
Shadows of doubt
Gathered over my dreams
And a question—
Many questions—

Began to intertwine
With my footsteps.
Why could he not
Make me his own,
For my sake?
Why could he not trample
The tag of my inferiority?
Was he helpless too,
Like me?
Ah! this helpless,
Helpless *suhag*!

Each step is an echo,
And from my body to my soul
A longing is stretched,
That this *suhag*
Should not only be mine
But his also.

In the canopy
Mantras keep circling
And the fragrance of sandalwood
Keeps clashing with smoke.

نکہتِ بادِ چمن ا

ہمیں معلوم ہے جانا ہے تم کو اور جاؤ گی
محبت کا تقاضا ہے محبت سے نبھاؤ گی
بہاروں سے سنوارو گی در و دیوار کے پنجر
جہاں پر ہے مکاں اب تم وہیں اک گھر بناؤ گی
عمارت ساز کے خوابوں کا درپن بن کے جاؤ گی
محبت کا تقاضا ہے محبت سے نبھاؤ گی

جدھر جاؤ گی تم جگنو تمہارے ساتھ جائیں گے
مہِ کامل کے سائے میں ستارے جھلملائیں گے
کہیں اک راگنی جیسے لے اپنے من میں ہلکورے
ترنم خیز لمحے مل کہ یوں ہی گنگنائیں گے
نکہتِ بادِ چمن کُھل کہ یوں اٹھکیلیاں لے گی
اٹھا دو رسمِ خزاں یہ حکم فرشتے سنائیں گے
ملے گی کہکشاں سے چاندنی وہ وقت آئے گا
کبھی تاریک تھیں راتیں ستارے بھول جائیں گے
حویلی میں اُمنگوں کی رنگولی بن کے جاؤ گی
دھنک کے رنگ آنگن میں تمہارے جھک کے آئیں گے

تمہارے ساتھ ہوگا اِس سفر میں اور بھی کوئی
مرحلے اور بھی آنے کو ہیں اِس موڑ کے آگے
تمہیں ہو بادباں دونوں تمہیں ہو ناخدا دونوں
سفینے خود نکل جائیں گے ہر منجھدار کے آگے
ہنر وفن کے مالک ہو یہ ہی ہے دور تمہارا
نکل جاؤ گے مل کر تم زمانے سے بہت آگے

دیتے ہیں سبھی لوگ اِس موقع پہ دعائیں
بس اتنی دعا ہے اپنی کہ سب قبول ہوجائیں
اے بانیِ شفقت انہیں توفیق دے ایسی
ملن کو دیں عروج اتنا کہ آپس میں سماجائیں
محبت کے اُجالوں سے سراپا نور ہوجائیں
جدھر سے ہوگزر اِن کا اندھیرے دور ہوجائیں

⚘ Fragrance of Garden Breeze*

We know that you must go, and go you will
The call of love, with love you'll return

Doors and walls you will deck with spring
Where there is a house you will make a home

A mirror to an architect's dream, you will go
The call of love, with love you will return

Wherever you go fireflies will go with you
Stars will twinkle in a full moon's shadow

As a *ragani* may in her heart gently sway
So will song-laden moments in chorus hum

With abandon will the garden breeze prance
The custom of autumn will the angels rescind

When moonlight comes to meet the milky way
Stars will forget that nights were ever dark

As the *rangoli* of longing to your home you will go
Rainbow colours will bow to enter your yard

Someone will go on your journey with you
And more stages will come beyond this turn

You are the sailors as well as the sail
Past every whirlpool your boat will go

Masters of art and skill this is your time
In tandem ahead of your time you will go

*For Nikhat, my daughter, at her wedding.

This is the time when all will wish you well
May God their kind wishes bless we pray

Font of mercy, O God, grant them the grace
That their union may soar till they merge

Let them glow so with the brightness of love
That darkness recedes from wherever they go

گیت

اٹھے سگندھ سوندھی سوندھی دھرتی مہکے بھینی بھینی
اترائی انگڑائی سی
برکھا رت پھر آئی ہے
گھنٹی باجے مندر مندر سارا سبزہ شبنم شبنم
نغمہ خیز رقصِ کرن
یہ صبحِ بنارس آئی ہے
رمس رمس پتّے پتّے رندِ کہن شجر شجر
ڈالی ڈالی مور بدن
بادِ صبا یوں آئی ہے
ہنس کے پنکھ کشتی کشتی رودِ شفق ٹھہرا ٹھہرا
دل میں ٹیس سلونی سی
شرماتی شام پھر آئی ہے
قوسِ قزح تتلی تتلی صحنِ چمن پنکھ پنکھ
خوشبوئے گل لجائی سی
عروسِ بہار پھر آئی ہے
سارا عالم چاندی چاندی دامنِ شب مخمل مخمل
چوری چپکے رات ملن
کیا رات سہانی آئی ہے

A Song

Freed fragrance of the earth
Rising gently, oh so gently
Like a damsel coyly stretching.
So has come the rainy season.

Bells ringing temple, temple
Grass all over, full of dew
Sun rays dancing like a song.
So has come the Benares morn.

Rustling travels leaf to leaf
Trees like old wine-lovers be
Every branch a peacock's body.
So has come the morning breeze.

Wings of geese like boats appear
Twilight's stream so quiet, still.
Emotions teased by desire sweet.
So has come the evening coyly.

Every butterfly a flying rainbow
Gardens, all wings in every yard.
Demurely smells a fragrant rose.
So has come the bride of spring.

World all around silver, silver
Garment of night all velvet, velvet
Meeting in the night quietly, slyly.
So has come a night most lovely.

Glossary

1. *Aanchal*
   The end of the sari which hangs down from the shoulder along the back. Pulled up from the back, it is used as a covering for the head which is etiquette in the presence of elders or at religious ceremonies. Drawn over the face, it serves as a veil. Pulled over the shoulder to the front it can be used to receive and hold things.

2. *Alaap*
   The slow moving amble with which a *raga* begins. Slowly, it presents the ascending and descending order of the *raga*'s notes and defines the melody and mood of the *raga*.

3. Bala Hissar
   Used to be—and may still be—a cantonment in Kabul.

4. *Bara Din*
   Name under which the Christmas day has been known since the British.

5. *Bhairavi*
   One of the most beautiful *ragas* in classical Indian music. *Ragas* evoke moods that pertain to different times of the day and night. Bhairavi is a morning *raga*, lively and fresh.

6. *Deodar*
   A Himalayan cedar.

7. *Diwali*
   The well-known Indian festival of light. On diwali night, people arrange oil lamps—now candles and even electric bulbs—on the roofs, parapets, verandas or any place where lamps can be lit. It is a joyous festival which celebrates the cool weather at the beginning of winter. Sweetmeats and other gifts are given to friends and relatives.

8. Doon
   The Doon Valley lies between the hill ranges of the Siwaliks and the Himalayas. It is in this valley that the town of Dehra Dun is located. Dehra Dun rests just at the foot of the first range of the Himalayas, which rise sharply to a height of over 6000 feet. The hill station of Mussoorie lies atop this range. The house from which Doon Valley was viewed is situated in Landour, at an altitude of 7500 feet.

9. *Ghulghula*
   The noise of yelling, screaming and wailing arising from a crowd.

10. *Harsingar*
    A flowering tree. It has small yellow flowers which have a bewitching fragrance.

11. *Holi*
The Indian festival of colours, which celebrates the end of winter. It is a joyous festival. People let their hair down. Men and women unabashedly rub powdered colours on each other's faces and spray colours dissolved in water on the clothes of anyone in sight. Traditional inebriation is excusable on this day.

12. *Jhaala*
Just as *alaap* is the gentle beginning of a *raga*, jhaala is the frenzied climax before it ends with a few gentle notes. Jhaala is particularly prominent in instrumental music.

13. *Malang*
A religious mendicant. A wandering mystic with intense eyes and a powerful, charismatic personality.

14. *Mehndi*
Herbal paste applied to a bride's hands and feet in elaborate designs. It leaves an attractive orange-red stain. It is applied in a ceremony held a day or so before the wedding day and is part of the process of beautifying and adorning the bride. For a bride, the application of mehndi is an auspicious ceremony and a symbol of betrothal.

15. *Raag* and *raagini*
Raag is the basic compositional structure of Indian classical music. Raagini is a shorter version of a raag.

16. *Rangoli*
An elaborate design made with powdered colours in different parts of the house, especially at the entrance. It is not only beautiful, but auspicious as well.

17. *Sarhang*
The name of a famous contemporary Afghan singer of Indian classical music.

18. *Saawan*
The month when the monsoon arrives, ending the oppressive heat of the summer. It is the time when the feeling of well-being returns to the body. Senses come alive and desire returns. Men and women long for their beloved.

19. *Saqi*
The young woman who serves wine in a tavern, according to Persian tradition.

20. *Shehnai*
A wind instrument traditionally played at weddings.

21. *Trishool*
A three-pronged spear carried by Shiva in Hindu mythology.

अनुक्रमणिका

बर्फ़ीले खेमे

यह फ़लक बोस पर्वत
यह करिश्मा-ए- कुदरत
यह धरती की चोटी पे बर्फ़ीले ख़ेमे
यह नूरानी देहके सुतूनों के जंगल
तजल्ली का आलम
ख़ुदावन्द की कुर्बत
यह अलमे अख्वाह से मिलने की घडियां
रंग ओ बू में घुल मिल कर रहने की घडियां
यह माज़ी की आहट
मुसतक़बिल की यादें
यहीं एक नुक़्ते पे सिमटे हुए
ज़मानो मकां के फ़सीलों के दर
यह फ़रिश्तों कीं महफ़िल
तरन्नुम के गुंबद
यहां अंबिया हम ज़बां हैं मेरे
यहां शजरो गुल राज़दां हैं मेरे
यहीं है मेरी आज़माइश का महवर

यह मुमकिन तो है कि यहां ख़ेमाज़न
दरख़शां सुतूनों में गोश-ए-अबदी
अपना कर भूला दूं कि इन्सां हूं मैं
है आसान कितना
न मरना न जीना
यही है मेरी आज़माइश का महवर

इधर सैले तसकीं तवाज़ुने बातिन
उधर मेरे दामन को बच्चे की मानिन्द
खींचे है रह रह के वही सवाल
जहां दर्द मौक़ूफ़
दर्दमंदी कहाँ
न होना ही क्या है हासिले हस्ती ?

एक ही शाख़ पर वुजूदो यक़ीं
उसी फूल के जुदा नाम हैं
यकीं है मुझे दानिशमंद-ए-कुहन
जो चाहूं तो अपनी रगो में रवां
ख़ूने जिगर को हाथों से छू लूं
सांसो की रिमझिम में कपड़े भिगो लूं
धड़कनों को उछालूं तो होली रचा लूं
या आंसू बना के पलकें सजा लूं
मैं इन्सान हूं नस्ले आदम से हूं
आज़माया गया हूं यह तसदीक़ है
कि मैं हूं यहां हूं अभी हूं
नहीं गुल सही पत्ता तो हूं
टहनी तो हूं ज़िन्दा तो हूं
मेरा एक गुलशन से रिश्ता तो है
बहार-ओ-खिज़ां सिर्फ़ रस्में सही
कुचलती हैं कलियाँ तो खिलती भी हैं

लबे आब्जू रक़्से नरगिसो सोसन
यह रंगो की लय मोजों की धुन
खिलते शगूफ़ों की खिलती महक
सनोबर के गेसू से छनती किरन
एक गूजर के हाथों में नन्ही सी भेड
यह सब आवाज़ बन कर मुखातिब हैं मुझ से
यह बर्फ़ीले ख़ेमे तजल्ली का आलम
यह नूरानी लमहों का चश्मा-ए-अबदी
पियो और ख़ूब छक कर पियो
फिर चलो ज़िदगी को गले से लगा लो
और अगर हो सके तो इसी नूर से
किसी तीरह गोशे में दीपक जला दो

ख़याल जो ख़याल न था

कितना अनोखा था वह ख़याल
जो मेरे ज़हन के दरीचे से
पल भर को झांका
और फिर छुप गया
अलफ़ाज़ के झुरमटों में कहीं
और मैं ढूंढता रहा

मेरी ज़बान
मेरे लोह ओ क़लम
अलफ़ाज़ के ज़खीरों को ताकते रहे
जैसे अंधेरा रात को ताके
एक चुभन थी मगर
जो मेरे शौक़े तजस्सुस को
टोंन्ट मारती रही
आख़िर क्या था वह ख़याल
जो बचा कर नुत्क़ से आंखें
निकल गया ओझल दरों से कहीं
और मैं ह्यरत ज़दह देखता रहा
और फिर ऐसा हुआ
कि दबे पाँव
जैसे पत्तों से नसीम गुज़रे
मेरे ज़हन से एक आवाज गुज़री
अरे नादां
ज़रा सोच
ख़्याल.......... बग़ैर अलफ़ाज़
जैसे सदा-ए-बाज़ गश्त
शीशे के गुंबद में
अपना आग़ाज़ ढूँढे
या रात गये नग़्मह कोई
अंधेरे की ख्वाबीदह नवा में
अपने सुरों को टटोले ?

बग़ैर अलफ़ाज़ अय नादान
वह ख़्याल जिसे ढूँढता हे तू
ख़्याल ही न था
एक लमह्-ए-तख़लीक़ की चाशनी
ख़ला की गोद में पल भर की झलक
एक टूटता तारा
और कुछ भी नहीं

सामरी घड़ी

वही बांझ वही चीड़ के दरख़्त
वही देवदार वही चिनार
वही छनती हुई धूप
थिरकते हुए साये
जंगली गुलाब की वही महक
वही पगडंडी ज़ानू-ए-कोह से लिपटी हुई
वही तिलस्मात का आलम
जो मेरे बचपन में था अब भी है

मगर आज
बुला रहे हैं अलफ़ाज़ मुझे
बेकल है मेरा हाथ
मेरे लौह-ओ-क़लम बेताब
एक शदीद हाजते गुफ़तार है
जो मुझ पे तारी है
जी चाहता है
समेट लूं औरौं को भी
इस सामरी घडीं के सहर में
जहां मैं
और दरख़्तों पर काई का रंग
फ़रन की बल खाती हुई लोच
बसी हुई सनोबर की सब्ज़ महक
जंगल में डूबा हुआ सूरज
इस कोहसार की ख़ामोश नवा में
एक ही राग के सुर हैं

शीशे की दीवार

आसमान और ज़मीन के दरम्यान
वक़्त की ढलवान पर
ठहरी हुई
एक शीशे की दीवार
जिस की बटी हुई सत्ह
कई रातें
कई रातों की रोशनियां

वहां...नशेब में.....कुछ दूर
एक शफ़फ़ाफ़ अंधेरे के तले
वादी-ऐ-दून*
धरती के चेहरे पर
सलमा सितारे का आंचल
झिलमिलाती यादों के झुरमुट
या नींद की ओट से
खुफ़यह ख़्वाबों के टिमटिमाते हुरूफ़
और यहां........ साग़र में....... मेरे आगे
सावन की सांवली धूप
और पिघलती हुई तन्हाई

*देहरा दून

इन्क़िलाब का चेहरा

काबुल १९७३

होटल के कमरे की दो खिड़कियां
मेरी अजनबी आंखे
देख रही हैं
इन्क़िलाब का चेहरा

पहली खिड़की

एक क़स्रे शाही की फसुरदह फ़सीलें
ताक रही है
खामोश बुरजियों के साये
सरसरा रहा है गुबदे ऐवाँ पर
यास का परदह
पामाल हैं शिकस्तह दरवाज़े
जिनकी बाँहों से
न जाने कितने हसीन लम्हे
क़ाफ़लो में गुज़र गए
जो अब
बे हिस और बे जान मुक़फ़फ़ल हैं
चौखटों के मज़ारों में
अब उनके सीने में चराग़ां न होगी
कोई शाहाना रात
लिपट जाएंगी रविशें
लालाज़ारों के कफ़न से
आह कितनी ग़मगीन है
यह ढलती हुई शाम

दूसरी खिड़की

सड़कों पर क़ालीन बिछे
कांधो पर नान दो हाथ बड़े
गधों पर अनार लदे
अब भी हैं
और उस पार सड़क के

(अफगानिस्तान में १९७३ और १९७८ दोनों इन्किलाबात के दौरान मैं काबुल में मौजूद था)

बच्चे अब भी
खेल रहे हैं उसी तरह
बेखबर
वह क्या जाने क्या हुआ
या क्या होगा

झुरमुटों में मर्द खड़े
दोहरा रहे हैं सरगोश्यों में
वही वारदात जो उन्होंने
खुद अपनी आंखों से
अपनी अपनी तरह देखी
अलफ़ाज़ हवा में भिनभिना रहे हैं
दबी दबी सी हलचल है
कि एक मलंग की आवाज़
गहरी
जैसे उसकी आंखें
अपने वालेहानह अंदाज़ में
माहौल को काटती हुई
मुख़ातिब है जहां से
"टैंक आये
बंदूके तनीं
लेकिन न कोई जनाज़ह उठा
न ख़ून बहा
सिर्फ़ एक बादशाह
अंधेरे में वतन छोड़ गया
और बादशाही की रस्म
यूं ही टूट गई
इन्क़िलाब मगर पहाड़ों में
भटक रहा है अब भी
ख़ुद तलाश में अपनी
और शहर में
एक कमसिन लड़की
अपने अध खुले दरवाज़े से लगी
बार बार पूछ रही हे राहगीरों से
कब आएगी सुबह-ए- नौ "

❈ इन्क़िलाब का चेहरा

काबुल १९७८

दूसरे पहर का वक़्त था
के गोलियों की आवाज़
चीर गई फ़िज़ा का पैरहन
सिमट गया ख़ोफ़ ज़दह बरहनह माहौल
और जो जहां था
वहीं सहम गया
बदहवास लम्हे
हवा बर दोश तरतराहट में
रेज़ह रेज़ह बिखर गए
और दर-ओ-दीवार की ख़ामोश नवा
टैंको की गड़गड़हट के शिगाफ़ों में
समा गई

दिन अभी ढला न था
कि रेडियो काबुल का ऐलान
"इन्क़िलाब मुकम्मल हुआ"
पत्थर की मानिन्द
वक़्त की ठहरी सत्ह पर
आन पड़ा
और नागहानी हैबत
हल्क़ह दर हल्क़ह
हर बशर के दिमाग़ पर छा गई
रात भर अंधेरा
धमाकों में तड़पता रहा
क़स्र-ए-सद्र पर बम बरसते रहे
बाला हिसार से धुआं उठता रहा
सुब्ह तक
न जाने कितनों के हमराह
सद्र-ए-रियासत हलाक हुए
बहुत ख़ून बहा

धूप की तपिश में
दहशत फैल गई वबा की तरह
ज़बान पर ताले पड़े
हवालात मे जगह न बची
दरवाज़ो के रंग
जो हरे थे सुर्ख़ हो गए
सरहंग का संगीत
मुक़फ़्फ़ल किवाड़ों में बंद हो गया
और हुकूमत की हर नई तहरीक
सोग की राख में दब गई

शहर की एक रहगुज़र पर लोग
खौफ की चादर ओढे
ज़िंदगी का दामन
काँपते हाथों से थामे
सुन रहे है सहमे हुए
एक मलंग की गहरी आवाज़
"लहू
लहू के रंग में मलबूस
इन्क़िलाब.......घायल
भटक रहा है सड़को पर
जगह जगह
सरगोश्यों में
उग रहा है बग़ावत का बीज
और शहर में एक लड़की
जवानी की सरहद पर खड़ी
दरवाज़े की ओर से दोहरा रही है
हाय कब तक
आख़िर कब तक
अमन की दहलीज़ पर
बारूद का पहरह होगा
कितना और खिचेगा अभी
इस रात का अंधेरा

इन्क़िलाब का चेहरा

काबुल २००२

हिन्दु कुश की आग़ोश में
सुर्ख़ी मायल इक पहाड़ी पर
जहां न सबज़ह कोई न दरख़्त
एक शहर था आबाद कभी
जिस का मुहास़रह चंगेज़ खां की सिपाह ने
कुछ ऐसा किया
कि देर तक
उस शहर में आह-ओ-ज़ारी होती रही
और जब आख़िरी ख़ामोशी
ठहर गई फिज़ा में ख़ुद
उस शहर को तमाम लोग
शहरे ग़ुलग़ुलह कहने लगे

खंडहरों में इसी शहर के
एक पनाह गुज़ीं मलंग ने
वही ग़ुलग़ुलह..........वही चीख़-ओ-पुकार
पत्थरों से सुनी
और पूछा
"यह आह-ओ-ज़ारी यह दर्द यह पुकार
कल की है या सदियाँ पुरानी ?"
"कौन जाने"
पत्थरो ने कहा
"वक़्त तो एक पर्दा है"

कई साल गए
कि बारूद का धुआं
फिज़ा में रफ़्तह रफ़्तह छा गया
लचकते बेद........हंसते अनार
तवानह बादाम.......तमाम दरख़्त
.......और लबे आबजू..........
नरगिस-ओ-लाला-ओ-सोसन
सब दुनिया की नज़रों से

रू पोश हो गए
लेकिन बंदूक़ की कड़कती आवाज़
हिन्दु कुश की ऊदी सांवली
नारंजी चट्टानों के बीच
अपनी बाज़गश्त में
तड़पती रही

इन्क़िलाब तो लाल फौज के सदक़े
शहीद हो गया
लेकिन जाबिर
ग़ैर मुल्की हों या उसी ख़ित्ते के
मक़सूद जिनका तेल हो या जन्नत
अपने जब्र की शिद्दत आज़माते रहे
वह जो बांटते थे असलह
बांटते रहे
और लोग......अपनी जगह
मरते रहे

लश्करों का परचम हरा था या लाल
ख़ून जो धरती में जज़्ब हो गया
उस के रंग में कोई फ़र्क़ न मिला
दर्द जो इन्सान होने के नाते
उठा था आह में पुकार बन कर
वह पुकार................वही थी
जो सदियाँ गईं
उन पत्थरों ने सुनी

वक़्त तो एक पर्दा है

एक औरत
जिसका बे रंग चहरह
थकावट से बेज़ार
अपने आंगन के दरवाज़े से लगी
चुप चाप खड़ी
अपनी यादों पर निगाहें डाले

बटोर रही थी वक़्त के परागन्दा चिथड़े
जिन्हें टांक टांक कर
उसने ज़िंदगी का नन्ग छुपाया था
उसकी निगाहों के दर्पण में
नक़्श थे वह दिन
हर आन जब था तशद्दुद का इमकां
बोझल थी दहशत से फिज़ा
हर सांस पे दम निकलता था
नक़्श थे वह गुमराह लोग
जिनकी ख़ूंरेज़ी ने
इसलाम को सूली बना कर
लटका दिया था इन्सानियत को
और वह लोग
जिन्हों ने शहवत को
अपने गिरेबान में छुपाने के लिए
औरत के जिस्म को
मूजिदे गुनाह ठहरा कर
दफ़ना दिया हिजाबों के कफ़न में
नोच लिया बचपन से ही
तालीम के सोतों से उसे
ख्वाहिश–ओ–ख्वाब–ओ–तमन्ना का हक़
छीन लिया क़यादत मे इस्लाम की
हुस्न–ओ–जमाल से महरूम
वतन ताहद–ए–नज़र वीरान हो गया
शफ़क़त–ओ–महर–ओ–महब्बत की
आबरू न रही
जज़्बात में जो गुदाज़ था
वह न सुख़न में मिला
न सोच ओ क़यास में
फ़न और फ़नकार तिश्ना लब
भटकते रहे सहराओं में
और बाम्यान की दिलकश वादी में
गौतम बुद्ध का मुजस्समह
जिसे तहज़ीब की तवारीख़ ने सराहा
एक जश्ने हैवानी में मिसमार हो गया

कुछ निढाल कुछ उदास
वह औरत
दरवाज़े पर दोनों रंग
लाल......और उस के ऊपर हरा
अपने हाथों से खुरचने लगी
और यह सोच कर
कि अब लगाएगी अपनी पसंद का रोग़न
ज़ेरे लब मुसकुराई
उसी वक़्त
सामने से चंद लड़कियां
स्कूल को जाती दिखीं
झुके शाने बार से किताबों के
बातों मे हंसी जैसे
धुली धूप में पत्थरों से आबजू गुज़रे
होंठ खिल उठे उस औरत के
और उसकी आंखों के ज़मर्रुद में
एक रोशनी मचली
याद आई उसे वह कम सिन लड़की
जो बीस साल पहले
अपने दरवाज़े की ओट से
यही पूछती थी राहगीरों से
" कब आएगी सुबह-ए-नौ "

अब एक उम्र के बाद
वही लड़की अपने दरवाज़े पर खड़ी
देख रही है एक और रास्ता
और धुंधलाती हंसी की आवाज़
अपनी आंखों से लगाए
मुख़ातिब हैं ख़ुद अपने से
और उस सवाल का
जो अभी तक हवाओं में तैरता रहा
जवाब देती है
" छंट जाएगा जब कोहरा
इसी रास्ते पे आगे
सुब्हे नौ मिलेगी "

जंगे ख़लीज

कहते हो कि जंग है यह
कहां हैं नेज़ा-आ-शमशीर
ज़िरह बख़्तर और सिपर
अ़लम और अ़लम बरदार
कहा है घोड़ों की चाप
यह जंग है
कि जश्न-ए-पयग़ाम-ए-फना

मौत के आतिशी गुब्बारे
फ़ज़ा बरदार सरकबान
फूटते ज़ख़्मों के अनार
कैसा जश्न कैसी दीवाली हे यह
कि गुल हो गए हर घर के चिराग़
झुलस चुके ख़ैमों के परचम
अब तो बताओ
कि कहां है फ़तह
किधर है अम्न
वतन को आग में झोंकने वालो
गेसूए गेती को संवारनेवालो
कुछ तो बताओ
इस आग की बारिश से
कोंपलें फूटेंगी कब

पैवस्त हो गए
वक़्त के दामन में
जां बाज़ जिस्मों के ढेर
ज़ख़्मों के फूल आहों के खार
माओं का मातम यतीमों की चीख़
क़तार दर क़तार
जवां उमंगों के कफ़न
सब उभरेंगे वक़्त के साथ
चाक रूहों के शिगाफ़ों से
जब न कोई रफूगर न मसीहा होगा

यह नहीं जानते*

क्या लफ़्ज़ थे वह
क्या ज़बान क्या जादू
कि चिराग़ों ने अंधेरे उगले
कितनी बस्तियां
गलियाँ ज़ीने आंगन
कुर्बान गाह बने
फिर नारों की नोक पर
रक़्से बिसमिल हुआ
और एक भीड़ ने
परस्तिश में ख़ून पिया

रेल की पटरियों पर
इस्मतों के ढेर लगे
चीख़े जम गई
ख़ोफ़ के तालू पर
कितनी आंखो में नूर
ज़िन्दा दफ़न हुआ

समंदर की लहरें
मुतवातिर पत्थरों पर
टूटती रहीं
रेत पर वख़्त
मदूदो जज़र में नपता रहा
खून आंसू दर्द
पहले की तरह
वक़्त की रेत में
तह ब तह
दबते रहे

मगर शहर में
जुर्म के बाज़ीगर
इन्तिक़ाम की सरगोश्यों से
एक देरीनह चिराग़ मलते रहे

*सूरत और बम्बई के फसाद के बाद

और यका यक
ज़मीन दोज़ निहां ख़ानों से
एक जिन्न की फुनकार
धमाको में बदल गई
और दहशत ज़दह लोग
ईंट सिमेन्ट शीशे के अंबारों में
अ़ज़ीज़ों को ढूँढने निकले
फिर जिदंगीकी धज्जियों से
मातम का ग़ुल उठा
फिर शहर की बुर्जियों पर
गिद्ध मँडलाते दिखे
फिर रेत के वक़्त पर
ख़ून आंसू दर्द
बिखर गए

यह क्या हुआ
कि अलफ़ाज़ के चंद छींटों ने
वक़्त से सदियाँ छीन लीं
धकेल दिया किरदार को
एक क़दीम सहरा के बगोंलो में
तिलिसमात ही होगा
कि यह भीड़
यह लोग
देखते हुए देख न सके
सुनते हुए सुन न सके
इन्हें मआफ़ करना या रब
नहीं जानते यह लोग
कि क्या करते हैं

खोखले करम

वक़्त का चक्कर
वुजूद का चक्का
जीना मरना फिर जीना
भले बुरे कर्मों का फन्दह
वख़्त का चक्कर
घटता बढ़ता
पास महवर के दूर महवर से
भले बुरे कर्मों का फल

सोचा मैने
क्या होगा
इन खोखले कर्मों का मेरे
जो भले नहीं और बुरे नहीं

सच तो यह है
कर्मों की पहछान न पाई
भला भला क्यूं बुरा बुरा क्यूं
कुछ अपनी भी
न आहट पाई
बस नक़ल ओ नुमाईश पुरखों की
नक़्शे क़दम पर नक़्शे क़दम
यूं ही गुज़रा
जीवन अपना
दिन ढले अब सोच पड़ी
क्या होगा कर्मों का मेरे
ऐसा न हो
कि अंत न हो
चलता रहे वख़्त का चक्कर
न पास महवर के न दूर महवर से

शबनम

क्यूं हर क़त्र-ए-शबनम को तुम
आंसू समझते हो
निचोड़ो शब की तारीकी से आंसू
गर यह ही मनसूब है तुम को
मगर शबनम तो एक नन्हा सा
गेहवारह है किरनों का

तुम अपनी रूह की चादर को ताने
छुप रहे हो क्यूं
अंधेरे से अंधेरे में
कहीं ऐसा न हो
कि लौट गए तुम
कुछ आंख बचा कर
कुछ शऊर से ओझल
अपने से ख़ुद अपने को छुपा कर
ऐसा तो नहीं
कि लौट गए तुम
उसी मख़मली अंधेरे में
वही महफ़ूज़ ख़ला
जो रोशनी से पहले
मां की कोख थी कभी

उठो
और इस भरम को तोड दो
समा लो रूह को अपनी
अना को हाथ में लेकर ज़रा देखो
वह नंगे पाँव उतरी
पर्बतों से रौशनी
किस क़दर शफ़फ़ाफ़ लहजों में
यह इतराती हुई दोशीज़गी
जिन्दगी की लय है ये
यही प्यामे हुस्न ख़ुद
निखर न जाए क्यूं

अब चेहरा ए गेती
रौशनी तमाम रंग
रौशनी हयाते नौ
रौशनी के दम से है
रा'नाईयां सभी
खोलो तो सही नज़रों के दर
वह उठ रहे हैं गुनगुनाते
अंगड़ाइयाँ लेते शजर
उड़ रही हैं हर तरफ़
क़ौस-ए-क़जह की चिन्दयां
गुल से कभी बोस-ओ-किनार
सबज़े से आशना कभी
रोके है हर क़दम पे अब
निकहत-ए-बाद-ए-सहर
शिगुफ़तगी का दौर है
उठो
अपना लो रूह को अपनी
और फिर ज़रा देखो
शबनम तो एक नन्हा सा
गहवारह हे किरनों का

सेन डयूगो*

(१)

बहुत खुददार है कुदरत
हसद परवर है प्यार इस का
रब्त न ग़ैरों से बढाओ इतना
मुंह न मोड़ ले कहीं यह थक कर
टूट गया गर यह नाता प्यार का
धुन लग जाएगा जीने में
उखड़ी उखड़ी लगेगी हर चीज़
वख़्त सवार कांधे पर
चूस लेगा खानी हयात की
काम न आएगी ग़ैरों की यारी
धूप लगेगी साये में

(२)

बहुत कम है रौशनी
बदल डालो
इस काशान ए हयात को
झोपड़ी से किसी
कि हर गोशे में रौशनी पहोंचे
कवाइद ओ तनज़ीम में जकड़े हुए
मीडिया के हाथों बिके
अपनी बेड़ियों पर नज़र तो डालो
किस दाम बेची है आज़ादी तुम ने
क्या मिला है वक़्त को गिरवी रख कर
कौन से सितारे तोड़ लाए तुम
कि चांदनी में अब दिल मचलता नहीं

*सेन डयूगो, केलीफोरनीया, अमेरीका

सरकते साये

ज़िंदगियाँ
कई ज़िंदगियाँ
सरकते साये
अंधेरे से बच कर
रौशनी से हट कर
दबे पाँव
ज़ाविये बदलते वख़्त के रुख पर
ढांचों में ढलते
यह सरकते साये

ख़ाली हर रंग से
अपने में लेकिन
जहां भी पड़े
वहीं का रंग
समाते अपनाते
ऐसे ही चलते

यह सरकते साये
रौशनी से गुरेज़ां
अंधेरे से डरते
न क़रीब रौशनी के
न अंधेरे से दूर
ज़िंदगियाँ
कई ज़िंदगियाँ
सरकते साये
न छत के
न दीवार-ओ-दरख़्त के
खुद अपने ही साये
यह साये के साये

राहरव

राहरव के बस में
न हों क़दम अपने
न राह
वादियां उजाड़ खेत कांटे
बस्तियां बाग़ दश्त वीराने
क़ाफ़लह बन कर
ख़ुद ही गुज़र जाते हैं

क्यास में राह रव के
न हो मंज़िल कोई
न राह
संगे मील आते हैं निकल जाते हैं
बस्तियां वादियां गुज़र जाती हैं
क़दम बढते हैं
फ़ासले कम नहीं होते

और हों अगर
राहरव के क़दम अपने
राह अपनी
वादियां बस्तियां उजाड वीराने
मंज़िले बन कर निकल जाते हैं
वक़्त फलता है
नये फ़ासले उगा करते हैं

दूर उफ़क के पार

शहरों मे डूब गये
तमाम सितारे
और छुप गया
फ़लक का सूना अंधेरा
फ़सुरदह कुमक़मों के साये में
अब चांद भी एक और शहर है
और चांदनी धुंध है
किसी गोशे में खला के

बोझल हैं यादों से पुरानी सड़कें
ले गई धुनडियाँ मशीनों की
वह हंगामे वह गहमा गहमी
वाबस्तह थी जिंदगी जिन से
बंद हैं उन मैख़ानों के दर
साक़ी की नज़रों से जहां
पिया करते थे रिन्दों के हुजूम
जिधर देखए न मर्द है कोई न ज़न
दफ़न हो चुका यह इम्तियाज़
कीमियागरों के ज़हन में
अब न मां कोई हे न बाप
न भाई न बहन
लोग जो नज़र आते हैं
ज़हीन हैं हसीन हैं माहिर हैं
लेकिन सब आर्डर पर बने हैं
न कहीं रब्ते इन्सानी
न महब्बत न हसरत-ए-इस्यां
न दर्द न दर्दमंदी
मौत आती हे सब को लेकिन
कोई मरता नहीं
ख़त्म हो जाती हे ख़ुद
थक कर जिंदगी

दूर नहीं हुदूद-ए-इमकां से
यह होश शिकन मंज़र
यही कहते हैं अहल-ए-फहम
पेचीदह उ़न्वान के मुस़न्निफ़
किताबों के पढने वाले
यही कहते हैं
लेकिन यक़ीन है मुझको
कि है कुछ मेरे इन्सान की मट्टी में
जो थाम लेगा उसे
नेस्ती की सरहद पर
मैं जानता हूं
कि न दर्द मिटेगा न दर्दमंदी
वैसे ही रहेगी ममता माओं की
बच्चों की हंसी
और जवान सीनों में
वैसा ही रहेगा
जुनून-ए-इश्क़
बढ़ जाएगा हाथ ख़ुद
ठेस अगर लगी किसी को
और रोना भी आएगा
रोने पे किसी के
इसी लिए ललकार कर
पूछता हूं मैं
कि आख़िर कौन है
जो महब्बत का जनाज़ह उठा सके

वक़्त और ज़िंदगी

शाम ठहर गई
दरिया के किनारे
कि पानी की उजली गहराईयों में
अपनी ख़ुद आराई का इम्तिहान कर ले
आब-ए-ख्वां की रफ़तह उमंगों ने
और संवार दिया आसमानों की बेटी को
परतव-ए-हुस्न हसीन तर निकला
पानी की शफ़फ़ाफ़ ख़लवत गाह में
हुस्न बे नक़ाब था
हज़ारों क़तरों के वलवले रास आए
और उन के दिल लौ देने लगे

फिर अक्स ने पैदा किया
वह दर्द जो हक़ीक़त से न हुआ
एक तसलसुल ए सरमदी के मुती
क़तरे बहते रहे
दूरियाँ मजबूरियाँ बनती रहीं
हज़ारो दलदलो की लौ
लहरों में दब दब कर
बुझती रही

और दरिया
अपनी आंखों में क़तरों को सजाए
अपने सीने से शाम को लगाए
दूर से देखता रहा

शाम सरशार-ए-हुस्न
उमंगो से रुख़सार संवारे
दरिया के किनारे खड़ी
इश्क़ के शोलों की लपक
आहों के बदलते हुए रंग
अपने दिलमें समाती रही
और आहिस्तह आहिस्तह

अपने रूप का भेंट लिए
हाथों में मेहँदी रचाए
रात के अंधेरों से गुज़र गई

और दरिया
शाम को अपनी बाहों में समेटे
क़तरों को सीने मे पिरोये
दूर से देखता रहा

खिराजे अक़ीदत*

हो चुकी बारिश
गए गरजते गूंजते बादल
अब अपने नील के धुले गुदाज़ सीने से
पर्बतों की बे दाग़ चोटियों को लगाए
उतर रहा है फलक
रात की वादियों की तरफ़
एक अज़ीम ख़ामोशी
कि शजर शजर पत्ता पत्ता बे हिस
बे आवाज़ हर परिन्दे ख़ुश गुलू
अताह सन्नाटा
और ढलती हुई शाम की आंखों में
एक पाकीज़ह सी उदासी
जैसे बहुत भला इन्सान कोई
झुटपुटे में
आहिस्तह से
गुज़र जाए

*रमेश शायर के गुज़रने पर

❋ कलाम

(१)
इज़हार करने की चाह
बाहमदिगर अ़मल की आरज़ू
रब्तो लगाओ की आस
तख़लीक़ की फूटती किरन
खूबसूरती की पहली झलक
और ज़बान के दाईमी उसूल
तमाम घुल मिल कर
तुख़्म-ए-महब्बत हैं
और वह्दानियत की ह़क़ीक़त
जो कायनाती कलाम है
और अज़ल से है

अव्वलीं रौशनी से पहले
जब अंधेरा न था
कलाम था

(२)
मैं तुम से बात करना चाहता हूं
किसी राज़ की नहीं
न ह़ाले दिल की
बस बात करना चाहता हूं
इस लिए नहीं कि तुम को चाहता हूं
या ख़ून का तुम से रिश्तह है
बल्कि इसलिए
कि तुम भी मेरी त़रह
बात करना चाहते हो
मैं जानता हूं
कि तुम्हारे दिल में पिन्हां
वही इज़हार की चाह है
जो मुझ में मौजज़न है
और बेताब है

कि बाहमदिगर अ़मल का सिलसिला चले
हमारी पहचान का सिफ्फह बने
सुबूत मिले
कि ज़िंदह हैं हम
और हमारा तअ़ल्लुक़ है
कायानाती कलाम से

(३)
तुम्हारे और हमारे
इज़हार करने की चाहका
सुनता हुआ छूता हुआ मफ़हूम
आपसी रिश्ते की मांग
यह तुख़्मे महब्बत
अगर हम चाहें
तो अलफ़ाज़ के आने जाने से
तख़लीक़ी नुत्क़ के दम से
इशारों मुसकुराहटों
और हंसी के लेन देन से
नर्म जज़बात के गुदाज़ साये में
कोंपलों में कूट निकले
उगेबढ़े
शाखें निकलें फलें
परिन्दे घौस्ले बनाएं
राहरव साये में रुक कर दम लें
शाखों पर फूल खिलें फल आएं
जिन्हें बच्चें बूढ़े सब खाएं
और फिर
न जाने कितने नये बीज
और उगें बढें फ़लें
मगर शर्त यह हे
कि प्यार से हम
प्यार को सींचें
अगर हम चाहें

और अगर हम चाहें
तो हम आहंग हो जाए
कायनाती कलाम से

(४)
जहां हम और तुम
बात किया करते हैं
वहां दीवार कुर्सी पर्दे
खिड़की और उस के बाहर
पेड सड़क समन्दर
गरज़ के हर चीज़ देखने में फ़र्क़
ठोस कोई पत्थर की तरह
कोई बहता पानी जैसे
या हवा मे हवा की तरह
शक्ल अलग रंग अलग
महक अलग
लेकिन हर चीज़ हो के भी
वह नहीं जो नज़र आती है
ह़क़ीक़त अस़्ल में कुछ और है
यानी बरक़ियों* की ह़रकत
जैसे फ़िज़ा में
बिजली की सुलगती लकीरें
या कई नुक़ते
यहां से वहां से वहां से यहां
जुगनूओं की मानिन्द
रवां दवां
लेकिन मुक़र्रर नहीं किसी का मुक़ाम
न वक्त में न खुला में
बे जान क़ुदरत की यही ह़क़ीक़त है
त़य शुदह एक बाहमदिगर अ़मल
एक रोशन मगर बे हिस नमूनह
जिसे क़ुदरत की तख़लीक़ कहिए
या उसका चहरा

*Sub atomic particle

(५)

तुम और हम
और वह तमाम जाननेवाले
जिन से रस्मो राह है
एक झुरमुट हैं
जहां किसी और को अपने तलक
और ख़ुद को किसी और तक
पहुँचाने की ख़्वाहिश
और कुरबत का इश्तियाक़
एक बेचैन धड़कन है
और हम सब
इसी ख़्वाहिश को
इसी इज़हार करने की चाह को
अलफ़ाज़ के दम पर
मा'नी की डोरियों से
बुना करते हैं
एक बाहमदिगर अ़मल का
खूबसूरत नमूनह
तख़लीकी बरक़ियों का जैसे
एक महकता झुरमुट

(६)

वह तमाम हम और तुम
जिन के दरम्यान
न रस्मो राह है
न किसी को किसी तक पहुँचने की ख़्वाहिश
एक उजड़ा झुरमुट हैं
टूटे हुए रिश्तों के झाड़
जहां रिफ़ाक़त और लगाओ से उलझन
तअ़स्सुब और ख़ुद परस्ती
हिक़ारत ओ नफ़रत से दोस्ती
बाहमदिगर ममल कड़वाहट से बोझल
या हिरस–ए–मुफ़ाद से ओझल
गुफ़तार या तो बे मानी
या ज़हर आलूदह फुनकार

आपसी लेन देन
दाग़ दार फसुरदह डोरियों से बुना
एक बोसीदह नमूनह
न तख़लीक़ से सरोकार
न हुस्न का परतौ
क़बा में तनज़्ज़ुल के नेस्ती

अव्वलीं रौशनी के बाद
जहां कलाम न था
अंधेरा था

मैं वहीं था

सुरमई सांवली मरमरीं
चट्टानों का वक्त
मेरी अबदियत का परतव
जिस को हसीन मुजस्समों में तराशा
तुम ने

मुतबर्रिक एवानों की
शफ़फ़ाफ़ खिड़कियों के उजाले पर
तशबीहात के रंगीन लहजों में
तसव्वुर किया मुझ को
तुम ने

माईल–ए–परवाज़
मीनारों की सोहबत में
मेहराबों के रुख़ से
मेरी तरफ़ इशारह किया
तुम ने

टन्टनाती घंटियों की
पुर हिस ओ मधुर हलचल में
मीनारों से उभरती
असासी लय की कशिश में
हम आहंग आवाज़ो के
मुश्तरेकह सोज़–ओ–सुर में
मुझ को ढूंढा
तुम ने

बहुत जतन किये तुमने
मुझ तक आने के लिए
ज़ियारतों में गए
मीलों चले
तिश्नह लब भूखे रहे
हवास–ए–ख़मसह को मुकफ़फ़ल किया

ख़ाम ख़्वाहिशों को
ज़ेरे ज़ब्त किया
हुस्न की रा'नाइयों से भी
मुंह फेर लिया
बहुत जतन किये तुम ने
मुझ तक आने के लिए
मगर मैं तो वहीं था
जहां तुम हो

हर ह्रकत ए बाज़ू में था
गिरने वाले को संभाला जिस ने
जो भर आई दूसरे के दर्द से
मैं उस दीदा ए तर में था
संवर गया दिले मुज़तर जिस से
उन अलफ़ाज़ की सोच में था
बे साख़्तह क़ुरबानियों की
गुदाज़ मसर्रत में था
रब्त-ए-इन्सानी के ख़ामोश
रंगों में था
बे लाग ओ बे ग़रज़
मह्ब्बत के नग़्मों में था
जिन की आंखों में
रक़म न था गुनाह अभी
उन बच्चों की हंसी में थी
मैं तो वहीं था
जहां तुम हो
लाचार ग़ुरबत ज़दह
टूटे हुए लोगों की आह में
में मुन्तज़िर रहा तुम्हारे लिए
तुम ने देखा भी मुझे
मगर पहचाना नहीं

बड़ा दिन

यह सर्व है या सनोबर
दरख़्त या शाख़
कितनी दिलकश है यह सजावट
यह धज
छलकते हैं कुमक़ुमों से रंग
झांकते हैं नन्हे खिलौनें
पत्तियों की झुरमुट से
झपकती हैं रौशनी की आंखे
जैसे जुग्नुओं की महफ़िल

सर्व है ये न सनोबर
एक अलामती दरख़्त है
बच्चों के ख़्वाबों की ता'बीर है
इस के साये में
तोहफ़ों का अंबार लगता है
अज़ीज़ों का प्यार मिलता है
साल गिरह है महब्बत की
आज के दिन

बीस सदियाँ गईं
कि इसी दिन
किसी ग़रीब के आंगन में
एक बच्चे का जनम हुआ
जनम क्या मोजिज़ा हुआ
कि छट गईं परछाईयां
खुल गया एक रौशन जहां
कट गए तमाम फ़ासले
इन्सान को महब्बत का सुराग़ मिल गया
न रहा ताजदार कोई न ग़ुलाम
न भिखारी न सरमायह दार
न ब्राह्मण न अछूत
हमसायह बन गया हर बशर
क़ौमों की हदें उठ गईं

ख़ुदा ख़ुद इन्सान के घर आ गया
आज के दिन
सालगिरह है महब्बत की
आज के दिन

खुल गए फ़िरदोस के दर
बढाओ हाथ
कि प्यार का दौर चले
मिटा दो रंजिशें तमाम
और बांध दो घुंघरू
अमन के पैरों में
कि बात बढ़ गई
चैन ओ सुकून से आगे

मनाओ जश्न
कि नग़्मह सरा है आज फ़िज़ा
और रक़्सां है ख़ुद अमन
आज के दिन
साल गिरह है महब्बत की
आज के दिन

हीरों का जड़ाव

नवेम्बर का महीना था
धुला हुआ था वख़्त
अलविदा' कह चुके थे अब्र
हो चुकी थी बारिश
फलक था कि सुकूत का गुंबद
ले रही थी सांस फिज़ा
नींद में जैसे
और दूर
खिंची हुई
शफ़्फ़ाफ़ हवा के उस पार
बर्फ़िली चोटयों की क़तार
नील की ताबां ज़मीन पर
हीरों का जड़ाव
या खुनक धूप के बदन पर
दमकती बेले की लड़ी
इतना ख़ामोश था समां
कि कहीं से
किसी आवाज़ की ख़बर न थी
मैं बेठा एक चटान पर
देख रहा था
क़ुदरत का बे पनाह जाह-ओ-जलाल
मुनव्वर इस क़दर
कि चौंधिया जाएँ आंखें
महवे मनज़र थी मेरी रूह
के किसी का दस्ते शिफ़ा
बख़्श गया पाकीज़गी मेरे जज़बात को
और छोड़ कर वख़्त का दामन
मेरे वुजूद ने बुलंदियां छू लीं

कभी कभी

यह जिये लम्हे
ज़िंदगी के परागन्दा नक़्श
सांसों में समाई घड़ियां
तन्हाई की गुमनाम ख़ला
तै़श के भड़कते शोले
दुख की बैठी हुई रेत
मसर्रत के आबशार
मिलन की फुआर
वस़्ल की तपती बारिश
शीराज़ा-ए-रोज़-ओ-शब
यह तमाम
माज़ी के हाथों से निकल कर
कभी बाज़ गश्त की गल्यों से गुज़रते
बन्ते बिगड़ते
दामे ख़िरद में
फ़िक्र के पेच-ओ-ख़म से उलझते
बिखर कर संवरते
संवर कर बिखरते
यह जिये लम्हे
जिन को मेरी धड़कनों ने तराशा
यह मेरी यादें
ज़िंदह है मेरे ज़हन में
और उनके क़दमों की आहट
मेरी रूह
सुनती है

और कभी कभी
इन्हीं जिये लम्हों की सरहद पे खड़ी
मेरी रूह
उपनी याददाश्त में गुम
छू लेती है
खुली आंखों से गोया
नूर के शफ़्फ़ाफ़ बादल

नर्म उजालों की बोछार
हलकी हलकी
फूलों की मा'सूम खुश्बू
ऐसा
आलम
किं जिसे तमसील कहीं या आईना
है तमाम ख़ुलूस
तमाम महब्बत
जिस से आशना थी मेरी रूह कभी
जिये लम्हों से पहले
मगर आज
बस एक एहसास-ए-शनासाई है
जो मेरे ज़हन से कभी कभी
ऐसे गुज़रता है
जैसे धुंध में
एक मुहीब चेहरे की झलक

सियाह बर्फ़

रातकी शाख़ें
बोझल अंधेरे से
जैसे सियाह बर्फ़ के फाये
गिरे
और जहां भी गिरे
पत्तों पर शाख़ों पर
वहीं रह गए
और बादल
भर ले गए सितारे तमाम
अपनी झोली में
गुम है निगाह
ख़ुद अपने साये में
टटोल रही हो गोया
अपनी आंखों से
रोशनी के दर
चुरा ले गया कोई
फिज़ा से नवा
अब गिरांबार है
ज़मीं पे ख़मोशी
बस एक उल्लू है जो कभी कभी
चोंका देता हे
हवा का तीरह सुकूत

वक्त
आ के जाने पर मजबूर
गुज़रता रहा
और सियाह बर्फ़ से
टपकी
पहली बूंद
आमद-ए-आफताब की
एक आहनी सी आहट
और गुम शुदह

नज़रों में हलचल
मुन्तज़िर बेताबी
हल्क़ों में आंखों के

और फिर जब रौशनी आई
सांवली चादर ओढे
तो नज़र आ के भी
नज़र न आई
सामने मकान तो देखे
दरीचे नहीं
कई पेड़ भी थे
मगर शाख़ें नहीं
और पटरियों पे जो
सोए थे रात
कौन जागा
कौन न जागेगा अब
दिखाई न दिया

हम और तुम

घनी पलकों के तले
ग़र्क़ ख़ुद अपनी रौशनी में
तुम्हारी आंखें
इक आलम-ए-पुरअसरार
कुछ जागा सा कुछ सोया सा
इन्हीं आंखों ने समा लीं हैं
नींदे मेरी
चुन ली हैं इन्हीं पलकों ने
हसरतें मेरी
किस का आईना हैं यह आंखें
कौन हो तुम ?
क्या हो तुम ?

एक गुनगुनाती आबजू
इतराती हुई खुशबूओं की लय
खिलती हुई कोई कली
या गुल-ए-रा'ना पर क़त्र ए शबनम
मुजस्सम हुस्न की तशबीह हो तुम
मेरे जज़बात का ख़्वाब हो तुम
यह सब हो
मगर मैं जानता हूं
कि तुम्हारी आंखों में कशिश
मेरे वुजूद से हे
और मैं भी कामिल हूं
तुम्हारे हुस्न की तकमील में

टील* के पंख

चीर गए शाम का पेरहन
एक तन्हा टील के उड़ते हुए पंख
मैं बैठा दरिया के किनारे
देख ही रहा था
कि एक बिसरा हुआ दर्द
उठा
और चीर गया मेरे दिल का सुकूं

कितनी उर्यां है
यह ढलती हुई शाम
सहमा हुआ है बे बस
सत्ह-ए-आब पे अक्स
उर्यां है और दर्पन में उर्यानी
बे नक़ाब है दर्द का नन्ग
और दिल की गहराइयों तलक
बरहैता है रग-ए-जां में लहू

अंधेरा ढांप तो देगा
शाम की उर्यानी
मगर रात आएगी
जब आएगी
अभी तो कोई नहीं
जो शाम का पेरहन सी डाले
कोई नहीं जो लौटा दे
मेरे दिल का सुकूं
रात आएगी
मेरे जज़्बात की तन्हाई में
दर्द और चमकेगा अंधेरे में
तब कहीं
टटोलेंगी मेरी आंखे
रौशनी की आहट को
सहर तो आएगी
ज़रूर आएगी
जब आएगी

---

*एक छोटी बतख जो तेज उडती है

हवा के रूप

(१)
कब चली होगी
अपने घर से नसीम
पौ फटे जगा गइ मुझ को
बड़ा एहसान किया

भैरवी का शगुफ़तह पहर
सरकता रात का आंचल
उभरते नक़्श
शाख़ो शजर
जिन से नग़मे फूंटे
रागनियां पर तौलें
एक ही पैमाने मे
ढलें सुर ओ सुरूर
और हमह तन गोश
खामोशी—मैं
और भरपूर तन्हाई
महवे नग़मह छोड़ दें
वक़्त का दामन

रुके लम्हे
रात के कँगूरों पर
मुनतज़िर हैं
कि जगाए आन कर
ख़्वाबीदह किरनों को नसीम
आकाश के दर्पन में
रौशन हों
उन के कदमों के निशां
और लौट चले घर को नसीम

(२)
बांझ और स़नोबर से रंगे
हवा के सब्ज़ हाथों का लम्स
जैसे नन्हा नवासा कोई
नाना का चेहरा टटोले
या गुंगी उमंगे
दफ़अतन बोल पड़ें
पत्तों में सरसराहट हो
तो गुदगुदी सांसों में
मन हिलकोरे ले
बदन में ताज़गी पेंग भरे
खुनुक धूप से खेलती हवा
छू के जो निकले
तो जी में आए कि आवाज़ दूं
जितनी शिगुफ़तगी दी है
सिवा शिगुफ़तगी ले जा
बहुत बढ गई
बोसीदगी जहां में

(३)
सनसनाती चीख़ती
सरकश हवा
चीरती बखेरती
दरख़्तों का बदन
थरथराते कांप्ते
पत्तों का ग़म
माहोल बरहम
गड़गड़ाती धूल जैसे
दौड़ निकले बे लगाम
घोड़ो के दल
हवा के दोश पर आए घटा
गरजती गूंजती
कड़कती रौशनी
लहरें फिज़ा में
जिस तरह नागन की जीभ

बरसे थपेडों में अताब
माइल–ए–सैल हों नदी नाले
हर तरफ़ तुग़यानी की ज़िद
जानवर पेड़ो तले
और शाख़ पर चिड़ियों के झुंड़
सिमटे हुए सहमे हुए
मर्दो ज़न बच्चों को थामे
बन्द किवाड़ो में बन्द

(४)
चलेगा कब तलक लेकिन
यह दौर ए सरकशी
थम ही जाएगा
यह ग़ीज़ ओ ग़ज़ब थक कर
बिखर ही जाएगी
यूरिशे घटा आख़िर
उड़ेगें शाख़ से चिड़ियों के झुन्ड़
खिड़कियों से लोग झाँकेंगे
पिघल कर रंग उभरेंगे
उफ़क के शिगाफ़ो से
टपकेंगी तब बूंदे
पत्तों से रह रह कर
झाले के बाद जिस तरह
सुर साज़ से टपकें
या आलाप के आग़ाज़ में
इक राग से टपकें
या पौ फ़टे नसीम–ए–सहर
घर से फिर निकले

ज़ख़्मी आंखे

दफ़अतन सुर्ख़ हो गईं
सड़क की आंखे
और मोटरें जो बे हंगम
चली आती थीं
रुकीं
चुपके से कुछ
और कुछ चीख़ती हुई

अपनी बाइं जानिब
उस ने घूम कर देखा
एक कासनी मोटर
संदली किताबी चेहरा
शाने पर डुपट्टा
कुछ नीला कुछ ऊदा
पुश्त पर खुले गेसू
सुरमई आंखे...
कि इतने में
दाहनी खिड़की से
एक आवाज़
रेगंती लडखडाती आवाज़
उस के तख़युल की उड़ान से टकरा गई
"भूखी है बाबूजी"
इशारह था
एक हड्डियों के पिंजर की तरफ़
उस के सीने से जो लिपटा था
"भगवान भला करेगा
दया करो बाबूजी"
वही पिटी हुई हारी आवाज़
और पीले दांत
बालों के गुच्छों तले
एक चुसा हुआ बुझा चहरा
ज़ख़्मी आंखो से रिसता हुआ दर्द
मैल से रंगे चिथडों में

सूखी हुई ममता
"हटो..........बढो
भेस बना कर
भीख मांगती हो
काम करो
जाओ........आगे बढो"
ममता पे यह ज़द गहरी पड़ी
झुक कर पलको ने ढांप लिया
ज़ख़्मी आंखो का दर्द
और हड्डियाँ
अपनी भेस की शर्म लिए
बढ गईं आगे

खून के दाग़

मेरे दामन पर ख़ून के दाग़ लगे
लुटेरों में मेरी इस्मत बटी
तो क्या

अख़बारों में सुर्ख़ियां चीख़ी
सियासी सभाओं में शोर मचा
तो क्या

दारोग़ह के घोड़े भी दौड़े
लुटेरे पकड़े भी गए
तो क्या

समाज का ज़मीर फिर चोंका
फिर एक बार दर्दमंदी के सोते फूटे
तो क्या

ख़ून के दाग़ मेरे दामन से
मेरी रगों में रवां लहू पर
कब के उतर भी चुके
अब क्या

आयशा*

थिरकते हुए पत्तों में
पीले फूलों की झनकार
सात रंगों में
गुलाब के जोबन का निखार
कहीं छलकता गुलाबी
कहीं सुर्ख़ तो कहीं ऊदा
ग़रज़ कि हर रंग में मलबूस है
इस आंगन का बदन

दरख़्त है एक नव खेज़ यहां
छित्रे साये में जिसके
घास पर लेटा
मैं देख रहा हूं
रौशनी में धुला आसमां का नील
और धूप में शराबोर हवा
दरख़्तों और टीलों से
गुज़रती हुई
जैसे एक सफ़ेद फ़ाख़्तह की
बे दाग़ उड़ान

हल्क़ह दर हल्क़ह
फैला हुआ इस दरख़्त से
माहौल के हाशिये तलक
सुकून
एक तन्हा बे ज़बान ठहराव
न कशमकश कोई न अंदेशह न डर
यादों की चुभन न आज के ग़म
न ही कल की फ़िक्र
बस हर मुए बदन से
मेरी रूह तक
अम्न का लम्स
मगर फिर भी कुछ है
कि मैं इमकां की सरहद पर खड़ा

*मेरी नवासी

मुन्तज़िर हूं....
कि लो आ गई आयशा
लिपट गई आन कर मुझ से
चढ गई कांधे पर मेरे
तन्हाई के ठहराओ को
ज़बां मिल गई
फूट निकली इमकां की ज़मीन से
तकमील की कोंपल
नग़्मह सरा था अब सुकूं
और रक़्सां था हर इक अंग
इस आंगन के बदन का

लायेला* के लिए

ज़नोबर के एक जंगल में
छोटा सा खुला मैदान
बिछी हुई घास
जिस में जंगली फूल
सफ़ेद पीले उदे नीले
अपने पंजों पर खड़े
सूंघ रहे हैं गोया
जंगली गुलाबों की महक
और क़रीब एक आबजू
मगन तितलियों की तरह
थिरकती बल खाती जा रही है
एक चट्टान की जानिब
"कितनी ख़ूबसूरत है यह जगह
परियां खेलती होंगी यहां"
लायेला ने कहा
"यक़ीनन"
और इशारह करके चटान की जानिब
नाना बोले
"एक शिगाफ़ है इस चटान में
जिस पर पेहरा है परियों का
लेकिन अगर बच्चे......
अच्छे बच्चे.........
चाहें तो झांक कर
जन्नत देख लें
क्या तुम देखोगी ?"

यक़ीन की सरहद पे खड़ी
हयरत ज़दह
सवाल पलकों पर टिका
लायला बोली
"सच मुच नाना ?"
"हां सच मुच.....मगर पहले
एक आंख से देखना होगा"

*मेरी नवासी

देखती है लायला
पंखड़ी पर फूल की
भैखी शबनम में बंद
ढले गगन के नील पर
दमकते नुक़रई फाए
वह जश्न रंगों का
कि गूंजे साज़ के तार
खुल कर बिखरे पानी पर
गेसू बेदों के ख़मदार
झारियों में फूल भरे
हलचल ख़ुश्बुओं की
चहचहाती लय में चिड़िया
हिरन मस्त कुलेलों में

"क्या देखा तुम ने ? "

चमकते तारे आंखों में
हैरत से आवाज़ भरी
बोली.........."तसवीरें
हर तस़वीर का अपना रंग
अपनी महक अपनी धुन
रंग कभी महक लगे
महक धुन
हैरत अंगेज़ मंज़र था......और
बे हृद ख़ूबसूरत "

चलो अब दूसरी आंख से देखो
देख कर बोली लायेला
"बच्चे.........ढेरों बच्चे
दुबले मोटे काले गोरे
सुथरा कोई गंदा कोई
लड़के लड़कियां सब के सब
हंसते हंसाते खेल रहे थे
अपना सा कुछ लगता था "
भर कर हामी नाना बोले

"अब दोनों आंखो से देखो "

फिर जो झांका लायला ने
खुशी से चेहरा खिल उठा
ताली बजा कर बोली वह
"ऐसा लगता है जैसे
तस़वीर जो अधूरी थी पहले
किसी ने आ कर पूरी कर दी "

"बच्चोंने'' नाना बोले
" जिन के दिल में छल नहीं
खोट नहीं बैर नहीं
मा'ऩूमियत है प्यार है
और दोस्ती
इन्हीं बच्चों से रा'नाई है
क़ुदरत की शबाहत में
जिस त़रह़
कटोरे में चांदी के
भरे हों फूल चमेली के
और सारा कमरा महक उठे
ऐसी ही कुछ जन्नत है

" लेकिन लोग तो कहते हैं
कुछ और ही है जन्नत "
" हां लोग तो अपने मन की जन्नत
बैठे घड़ा करते हैं ख़ुद
और ले कर तलवार बंदूक़ त्रिशूल
निकल पड़ते है जन्नत पाने
सच पूछो तो लायला बेटी
दुनिया जैसी बच्चों की है
वैसी ही कुछ जन्नत है "

वह लफ्ज़

वह लफ्ज़ जो तुमने मेरे लिये
सिर्फ मेरे लिए
मुझसे कुछ शरमा के कहा
उस लफ्ज़ का लम्स
रिस गया मेरे एहसास में
चाँदनी रात मे जैसे
हारसिंगार की खुशबू
और दबे पांव
अंग अंग मे मेरे
डोलने लगे
ख्वाहिश के हलकोरे
मसर्रत आंख से उमडी
आंसूओ का रूप लिये
तमाम गिले शिकवे
मुरझाए पत्रो की तरह
झड गये चाहत की बारिश में
डूब गई जुदाई की टीस
इन्तजार की बेताब चुभन
उस लम्स के गुदाज़ लम्हे मे
जो रुका हुआ है अब भी
कि तुम कहो... फिर एक बार
वही लफ्ज़
और समेट लो मुझको
उसके आंचल में

हमारे दरमियान

दुःख

दुःख
हमारे दरमियान
एक खोखली हवा
जिस से गुज़र कर
न तुम आ सको
न मैं

लफ़्ज़
हमारे लब पर
फड़फड़ाते हुरूफ़
जैसे किसी शाख़ से
गिरने को हों
सूखे पत्ते

ख़्याल
तुम्हारे या मेरे
जैसे उड़ते पतंग
तख़ैयुल के नील पर
नक़्श बना बना कर
मिटाते रहें

जज़्बात
हम दोनों के
एक कोरी तख़्ती
न कोई नक़्श न पहचान
गुमनाम हवाले
और खोंखली हवा

खुशी

खुशी
हमारे दरमियान
भरपूर चांदनी
जिससे गुजर कर
तुम आते रहो
और मैं भी

लफ़्ज़
हमारे लब पर
हुरुफ का संगम
हर कतरे मे नुत्क़ के मानी
तुम वही समझो
जो मैं समझू

ख्याल
तुम्हारे या मेरे
इक शगुफता क्यारी
तख़य्युल की ज़मीन पर जैसे
लहलहाए
तख़लीक़ के परचम

जज़्बात
हम दोनों के
मिलन की रात
और अमां के आंगन में
हर शब
भरपूर चांदनी

संवर जाएगा सन्नाटा*

तुम आओगी मेरे घर में
संवर जाएगें सन्नाटे
हर एक दहलीज़ चूमेगी
तेरे क़दमों की आहट को
दरो दीवार बोलेंगे
उठो वह आ गई मालकिन
लिए जलवों को आंचल में
हर एक क़ंदील की नज़रें
शर्म से झुक सी जाएंगी
बिखर जाएंगे वही रंग
जिन्हें धरती ने सोंपा था
शफ़क़ के लालह ज़ारों को
चलेगी फिर वही पुरवा
जिसे सावन के सीने ने
पिलाया दूध ममता का

तुम आओगी तुम आओगी
संवर जाएंगे सन्नाटे

मैं आउंगी
अबीरो रंग लाउंगी
हुनरो इल्म लाउंगी
हर एक दहलीज़ के आगे
रंगोली ख़ुद बनाउंगी
मिला कर तेरे क़दमों से
क़दम ऐसे उठाउंगी
हिला दूंगी दिले गेती
फ़िज़ा में गूंज उठेगें
हयातो हम्द के नग़मे

मैं आउंगी
मैं आउंगी

*मेरी बेटी किरन की शादी पर

चलो अब सर नगूं हो कर
यही मांगें दुआ मिलकर
कि जितनी भी महब्बत है
हम दोनों के हिस्से में
वह या रब
सब अभी दे दे
सब अभी दे दे

सुहाग की गिरह

चमेली की उजली लड़ियों से
गेंदे की लटें
लिपटती रहीं
शहनाई के हलकोरों में
अग्नि की ज़र्द लौ
थिरकती रही
मंतर मंडप में
मंडलाते रहे
और चंदन की खुश्बू
धुंए से टकराती रही

मेरी पलकों के तले
कपड़े से बंधी इक गिरह
फेरों की गर्दिश में
झूलती रही
दाएं बाएं दाएं बाएं
नाप रही हो गोया
सुहाग का वक्त
हर क़दम था
कि इक सदा ए बाज़ गश्त
बदन से रूह तक
एक गूंजती तमन्ना
काश बंधी होती
रगे जां से गिरह

मेरे जज़्बात के दामन से
उलझने लगी
मेरे पैरों की मेहँदी
वहम के साये मेरे ख़्वाबों पर
मंडलाने लगे
और सवाल..........कई सवाल
मेरे क़दमो से टकराने लगे
क्यूं न अपना सके वह

मुझ को मेरे लिए
क्यूं न ठुकरा दिया
मेरी कमतरी का निशां
क्या वह भी मजबूर थे
मेरी तरह
आह यह मजबूर मजबूर सुहाग

मेरी सोच में
मेरे ख़्वाबों में
सुहाग घुलने मिलने का नाम
बदन में एक जश्न-ए-रूहानी
हुस्न-ए-तख़लीक़ का मज़हर
और हां जाने महब्बत
मेरे ख़्वाबों का सुहाग
घुलने मिलने का नाम
किसने नापा है
सुहाग का वक़्त

है हर क़दम
कि एक सदा-ए-बाज़ गश्त
बदन से रूह तक
खिंची हुई एक आरज़ू
यह सुहाग
सिर्फ़ मेरा ही क्यूं
उन का भी हो
मंतर मंडप में
मंडलाते रहे
मगर चंदन की ख़ुश्बू
धुएं से टकराती रही

निकहत-ए-बाद-ए-चमन*

हमें मा'लूम है जाना है तुम को और जाओगी
महब्बत का तक़ाज़ा है महब्बत से निभाओगी
बहारों से संवारोगीं दरो दीवार के पिंजर
जहां पर है मकां अब तुम वहीं एक घर बनाओगी
इमारत साज़ के ख़्वाबों का दर्पन बन के जाओगी
महब्बत का तक़ाज़ा है महब्बत से निभाओगी

जिधर जाओगी तुम जुगनूं तुम्हारे साथ जाअेंगे
महे कामिल के साये में सितारे झिलमिलायेंगे
कहीं एक रागनी जैसे ले अपने मन में हलकोरे
तरन्नुम ख़ेज़ लम्हे मिल के यूं ही गुनगुनाएगें
निकहते बादे चमन खुल के यूं अटखेलियां लेगी
उठा दो रस्मे ख़िज़ां यह हुक्म फ़रिश्ते सुनाअेंगे
मिलेगी कहकशां से चांदनी वह वख़्त आएगा
कभी तारीक थी रातें सितारे भूल जाएंगे
हवेली मे उमंगो की रंगोली बनके जाओगी
धनुक के रंग आंगन में तुम्हारे झुक के आएंगे

तुम्हारे साथ होगा इस सफर मे और भी कोई
मरहले और भी आने को है इस मोड के आगे
तुम ही हो बादबां दोनो तुम ही हो ना खुदा दोनो
सफिने खुद निकल जाएंगे हर मझधार के आगे
हुनर-ओ-फन के मालिक हो यही है दौर तुम्हारा
निकल जाओगे मिलकर तुम जमाने से बहुत आगे

देते है सभी लोग इस मौके पे दुआएं
बस इतनी दुआ है अपनी कि सब कुबूल हो जाएं
ऐ बानी ए शफक़त इन्हे तौफीक़ दे ऐसी
मिलन को दे उरूज इतना के आपस मे समा जाएं
महब्बत के उजालों से सरापा नूर हो जाएं
जिधर से हो गुज़र इनका अंधेरे दूर हो जाएं

*मेरी बेटी निकहत की शादी पर

गीत

उठे सुगन्ध सौंधी सौंधी धरती महेके भीनी भीनी
इतराई अंगड़ाई सी
बरखा रुत फिर आई है
घंटी बाजे मन्दिर मन्दिर सारा सब्ज़ा शबनम शबनम
नग़मा खेज रक़्स–ए–किरन
यह सुबह बनारस आई है
रसमस रसमस पत्ते पत्ते
रिन्द ए कोहन शजर शजर
डाली डाली मोर बदन
बाद ए सबा यूँ आई है
हँस के पंख कश्ती कश्ती रोद ए शफ़क़ ठहरा ठहरा
दिल से टीस सलोनी सी
शरमाती शाम फिर आई है
कौस–ए–कजा तितली तितली सहन ए चमन पंख पंख
खुशबू ए गुल लजाई सी
उरूस ए बहार फिर आई है
सारा आलम चांदी चांदी दामन ए शब मखमल मखमल
चोरी चुपके रात मिलन
क्या रात सुहानी आई है

शब्द–सूचि

दूर उफ़क के पार

उफ़क क्षितिज, वह स्थान जहाँ आकाश–पृथ्वी मिले हुए जान पड़ते है ।
फ़लक आकाश आसमान
फ़सुरदह बुरे हाल वाला
गोशे कोना, एकांत
वाबस्तह संबंधित, बँधा हुआ
दर दरवाजा
रिंद शराबी, धूर्त, धार्मिक, बंधनो से मुक्त
हुजूम भीड़
ज़न नारी, औरत, स्त्री
इम्तियाज़ फ़र्क़
कीमियागर ताँबे आदी से सोना बनानेवाला, बहुत बडा हूनरमंद
ज़हीन दक्ष, कुशल, प्रतिभावन्, अक्लमंद
माहिर होशियार, कुशल
रब्त संबंध, मेल–जोल
हसरते इसयाँ पाप की अभिलाषा
दर्दमंदी हमदर्दी, सहानभूति
हुदूदे इमकाँ मुमकिन हाने की सीमाएँ
होशशिकन चेतना तोडने वाला
पेचीदा बहुत मुश्किल
नेस्ती ध्वंस, बरबादी, तबाही
जुनून उन्माद, पागलपन

जखमी आँखे

दफ़अतन अचानक एकदम
बेहंगम बेतरतीब
कास्नी फ़ालसई रंग
शाने कंधा, स्कंध
पुश्त पीठ
तख़य्युल कल्पनाएँ, भ्रमजाल
पिंजर ढांचा
ज़द वार

खुन के दाग़

दामन वस्त्र कावह भग जो लटकता रहता है ।
इस्मत सतीत्व, औरत की इज्जत
ज़मीर अंतरात्मा, सर्वनाम

कलाम

१

इज्हार प्रकट होना
बाहमदिगर परस्पर
तुख़्म बीज, वीर्य
मसररत खुशी
दाइमी स्थाई, हमेशा के लिए
तख़्लीक़ उत्पत्ति करना, नई चीज़ पैदा करना
वहदानियत एकत्व, एकताए अद्वैतवाद
काइनात बहमांड, संसार
कलाम वोली, वार्तालाप
अज़ल हमेशा से
अव्वलीं प्रथम, पहला

२

राज़ भेद
पिनहाँ गुप्त, छुपा हुआ
मौजज़न ठाठें मारने वाला
बेताब वकुल, बैचैन, अधीर

३

मफ्हूम मतलब
तख्लीक़ी नुत्क़ नई बोली
जज़बात भावनाएँ, संवेदनाएँ
गुदाज़ नरम नाजुक
हमआहंग एक आवाज़ एक राये

४

बरक़यों इलैक्ट्रोनस
फिज़ा प्राकुतिक सौंदर्य, वातावरन
रवांदवां यातायात, आना जाना
मुक़र्रर नियुक्त, अवश्य
खुला अंतरिक्ष
तैशुदा तय किया हुआ
बेहिस जिसमें स्वाभिमान न हों, चेतनाशून्य
जलवा दर्शन, दीदार, नुमाइश

५

तख़्लीक़ उत्पत्ति

६

रिफ़ाक़त	दोस्ती
तअ़स्सुब	धार्मिक पक्षपात
ख़ुदपरस्ती	आत्म–पूजा, अपने ही को सब कुछ मानने का भाव
हिक़ारत	किसी को नीचा देखाना
मुफ्तार	वार्तालाप, बातचीत
ज़हरआलूद	जहर से भरा हुआ
बोसीदा	फटा–पुराना, सड़ा हुआ
पर्तों	प्रतिबिंब, प्रकाश, छाया
क़बा	चोगा
तनज़्ज़ुल	अवनति, नीचे उतरना
नेस्ती	ध्वंस, बरबादी, तबाही

सुहाग की गिरह

गिरह	गाँठ, समस्या
सदाएबाज़गश्त	प्रतिध्वनि
तमन्ना	अभिलाषा, कामना
रगे जाँ	सबसे बडी खून की नस, जो दिल में जाती है ।
वहेम	भ्रम, शंका, शक
कमतरी	कम या नीचा होना
जश्न	महोत्सव, समारोह
मज़्हर	प्रकट हाने का स्थान

वोह लफ्ज़

लम्स	स्पर्श
एहसास	अनुभव, संवेदन
शिक्वा	शिकायत
गुदाज़	कोमल, नर्म

ख़्याल जो ख़्याल न था

दरीचा	खिड़की, झरोखा
लोहक़लम	तख़्ती और कलम
ज़ख़ीरा	भंड़ार, संचय
शौक़े तजस्सुस	ढूँढ निकालने का शौक
नुत्क़	बोली, शब्द, वाणी
हैरतज़दह	अचंभे में
नसीम	ठंडी और धीमी हवा
आग़ाज़	शुरु
खाबीदा नवा	सोती हुई आवाज
चाशनी	मिठास
ख़ुला	अंतरिक्ष

ख़िराजे अ़क़ीदत

ख़िराजे अ़क़ीदत	श्रद्धा, अर्पित
अ़ज़ीम	बहुत बड़ा
फ़लक	आकाश, आसमसन
शजर	पेड़
बेहिस	जिसमें स्वाभिमान न हो, चेतनाशून्य
परिंदे खुशगुलु	अच्छा गाने वाली चिड़ियाँ
पाकीज़ा	पवित्र

हवा के रूप

नसीम	ठंड़ी और धीमी हवा
शगुफ़ता	ताजा
नक़्श	चित्र, निशान
शजर	पेड़
पैमाना	शराब का गिलास
सुरुर	नशा
हमा तन गोश	उत्कर्ण, श्रवणमय, तन मन से सुन्ना
खाबीदा	निन्द्रासा
बाँझ	एक पहाड़ी पेड़
सनोबर	चीड़
लम्स	स्पर्श, छूना
उमंगें	खुशयाँ
दफ़अतन	अचानक, एक दम से
ख़ुनुक	हलकी ठंडक
शगुफ़तगी	ताज़गी
सिवा	अतिरिक्त, अन्य
बोसीदगी	फटा – पुराना, सड़ा
माहौल	वातावरण
दोश	कंधा
मायले सैल	बाढ़ की तरफ आकर्षित
तुग़यानी	बाढ़ जलप्लावन
दौरे सरकशी	विद्रोह का वक्त
ग़ीज़ो ग़ज़ब	गुस्से में बिगड़ना
यूरिश	लडाई
उफ़ुक	क्षितिझ, वह स्थान जहाँ आकाश – पृथ्वी मिले हुए जान पड़ते है
शिगाफ़	दरार
झाला	संगीत में गत के अंत में सुरों का तेज़ी से बजना
आग़ाज़	प्रारंभ, शुरुआत
सेहर	सुबह

ये नहीं जानते

कुरबानगाह बली की जगह
रक़्सेबिस्मिल कत्ल करने के समय किसीजानवर के बदन का थरथराना
परस्तिश पूजा
इस्मत सतीत्व, औरत की इज्जत
खौफ़ भय, ड़र
नूर रोशनी, प्रकाश, ज्योति
मुतवातिर निरंतर, लगातार
मद्दो जज़र ज्वार-भाटा
बाज़ीगर जादूगर
इन्तक़ाम बदला
सरगोशियाँ कानाफूसी
देरीना प्रचीन
ज़मीन दोज़ भुमिगत, पृथ्वी के तले
निहाँख़ाना तलगृह, तहखाना
दहशत ज़दा भयभीत, ड़रा हुआ
अंबार ढ़ेर
मातम शोक मनाना, मृत्यु शोक
किरदार तौर तरीका, चलन
क़दीम प्राचीन काल
सहरा रेगिस्तान
तिलिस्मात मायाजाल, जादु

कभी - कभी

जिये लम्हे वह समय जिसका धड़ी से नहीं बलकि जीवन से संमबंध है
परागंदा अस्त-व्यस्त, तितर बितर
नक़्श चित्र, निशान
गुमनाम अनजान, अजनबी
ख़ुला अंतरिक्ष
तैश क्रोध, गुस्सा
शो'ले आंगारे
मसररत खुशी
आबशार झरना
वस्ल मिलान, प्रेमी और प्रेमिका का संयोग
शीराज़ा किताब के पन्ने
रोज़ो शब दिन और रात
माज़ी भूतकाल
बाज़गश्त वपसी, गूंज
दाम जाल, फंदा
ख़िरद बुद्धि, मनीषा

पेचो ख़म जोड़-तोड़
नूर प्रकाश, रोशनी, ज्योति
शफ़फ़ाफ़ साफ, पारदर्शक
तम्सील उदाहरण, जिसमें मिसाल देकर समझाया जाए
ख़ुलूस निश्छलता, निष्कपटता
आश्ना परिचित, मित्र, उपपति
एहसास अनुभव, ध्यान
शनासाई जान-पहचान, परिचय

टील के पंख

पैरहन वस्त्र
तन्हा अकेला
बिस्रा बहुत पहले की भूली बात
सुकूँ शान्ती
उरियाँ नंगा
अक्स प्रतिबिंब
बेनक़ाब बिना पर्दा
बरहना नंगा
रगेजाँ जीवन की नस, नब्ज़
जज्बात संवेदनाएँ, भावनाएँ
सहर सुबह

बड़ा दिन

सर्व एक प्रसिद्ध पेड़ सीधा और सुंदर पेड़
सनोबर चीड़ का पेड़
अंबार ढेर
सदी शताब्दी
मो'जिज़ह वह चमत्कार जो पैगंबर दिखाए
सुराग़ पता,, ठिकाना, जिज्ञासा
ताजदार मुकूटधारी, नरेश
सरमायादार पूँजीपति, धनवान
हमसाया प्रतिवासी, पड़ोसी
बशर मनुष्य, इन्सान
फ़िर्दौस स्वर्ग
दौर शराब के पियालें का प्रावस में चलना
रंजिश मनमुटाव, अप्रसन्नता
सुकून शांति, संतोष
नग़मएसरा अच्छी आवाज़ से गानेवाला
फ़िज़ा प्राकृतिक सौंदर्य, वातावरण
रक़्साँ नाचता हुआ, नृत्य करता हुआ

हमारे दरमियान

हुरूफ़	अक्षरमाला
तख़्य्युल	कल्पना
नक़्स	चित्र, निशान
गुमनाम	अज्ञातनाम, अप्रसिद्ध
नुत़्क़	वाणी, बोली
शगुफ़ता	ताज़ा
तख़्लीफ़	उत्पत्ति, नई चीज़ पैदा करना
अमाँ	शान्ति
शब	रात

संवर जायेगा सन्नाटा

जलवा	प्रदर्शन, नुमाइश
क़ंदील	दीपक, चिराग
शफ़क़	सवेरे या शाम की लालिमा
लालाज़ार	फूलो का मैदान
इल्म	विद्या, विज्ञान
गेती	जगत
फिज़ा	प्राकृतिक सैदर्य, वातावरण
हयात	जीवन, जिंदगी
हम्द	प्रशंसा, तारीफ, ईश्वर की स्तुति
नग़्मे	गाने
सरनिगूँ	सिर झुकाण हुए

लाइला के लिये

ऊदा	बैगनी
आबजू	नदी, नहर, झरना
यक़ीनन	अवश्यमे, संभवना
शिगाफ़	दरार
जन्नत	स्वर्ग
हैरतज़दा	चकित, अचंभे में पडां हुआ
शबनम	ओस
नुक़ई	चांदी जैसा उज्जवल
जश्न	महोत्सव, समारोह
साज़	वाद्य, बाजा
गेसू	अलक, जुल्फ
बेद	एक प्रकार की लचीली लकड़ी, बेंत
ख़मदार	झुका हुआ
हैरतअंगेज़	आश्चर्यजनक
हामी	पक्षपाती
रा'नाई	सुंदरता
शबाहत	आकृति, शक्ल

निकहते बादे चमन

तक़ाज़ा	आवश्यकता, ज़रूरत
पिंजर	ढाँचा
इमारत साज़	इमारत बनाने वाला
माहेकामिल	पुरा चाँद
तरन्नुम ख़ेज़	गाना गाना
निकहत	खुश्बू
बादे चमन	बाग की हवा
बेसाख़्ता	एकदम, अचानक
ख़िज़ाँ	पतझड़ का मौसाम
कहकशाँ	आकाशगंगा, छायापथ
माहला	गंतव्य, मंजिल
बादबान	पोतपट, मरूत्पट
नाख़ुदा	नविक, मल्लाह
सफ़ीना	नाव
बानिए शफ़क़्त	कृपा जहाँ से मिलती है
तौफ़ीक़	ईश्वर की कृपा
उरूज	उन्नति, ऊंचाई, बुलंदी

गीत

सब्ज़ा	हरियाली
शबनम	ओस
नग़्माखेज़	गाना गाना
रक़्स	नाच
रिंद	रसिया, शराबी
कुहन	पुरातन, पुराना
शजर	पेड़
बादेसबा	सवेरे की पुरवाई हवा
रूदे शफ़क़	लालीमा की नहर
कौसे क़ज़ह	इन्द्रधनु, धनुक
सहेन	आंगन
उरूस	दुल्हन
दामने शब	रात का अंतिम भाग

बर्फ़ीले ख़ेमे

ख़ैमा	तंबू
फ़लक बोस	आकाश को छूनेवाला, गंगन चुंबी
करिश्मा	चमत्कार
नूरानी	उज्जवल
सुतून	स्तम्भ
तस्सल्ली	प्रकाश, जलाल
क़ुर्बत	नज़दीकीपन

आलम अर्वाह	आत्माओं के रहने का लोक, परलोक
माज़ी	भूतकाल, बीता हुआ समय
मुस्तक़्बिल	भविष्य
ज़मानो मकान	समय और जगह (स्थान)
तरन्नुम	मधुर गान, स्वर-माधुर्य
अंबिया	बहुत से पैगंबर (नबी)
हम ज़बाँ	एक ही भाषा बोलने वाले
शजरोगुल	पेड़ और फूल
राज़दाँ	भेद जाननेवाला, रहस्यज्ञ
आज़माइश	परीक्षा, जाँच
महवर	जिस नोक पर कोई चीज़ धूमची हो
ख़ेमाज़न	तम्बू के अन्दर होना
दरख़्शाँ	प्रकाशमान
गोशा-ए-अबदी	जिस समय के अंत का ज्ञान न हो ?
सैलेतस्कीन	इत्मीनान की बाढ़
तवाज़ुने बातिन	अंदरुनी संतुलन
मोक़ूफ़	स्थगित, व्यक्त
दर्दमंदी	सहानुभूति
हस्ती	अस्तित्व, जीवन
वुजूदो यक़ीन	अस्तित्व, और यकीन करना
दानिशमंदे कोहन	प्राचीन ज्ञानी
रवाँ	बहता हुआ
नस्ले आदम	आदम की संतान
तस्दीक़	सबूत
गुलशन	वाटिका, बाग
बहारो ख़िज़ाँ	फुलों का समय ओर पतझड़ का समय
लबेआबजू	नहर का किनारा
रक़्स	नृत्य
नर्गिस	एक किस्म का फुल
मौजें	लहरें
शगूफ़े	कलियाँ
सनोबर	चीड़ का पेड़
गैसू	लम्बे बाल, अलक
मुख़ातिब	संबोधनकर्ता
तीरा	अंधेरा, अंधकारमय
गोशह	कोना, एकांत

हीरों का जड़ाव

अलविदा	विदा
फ़लक	आकाश
सुकूत	ख़ामोशी, मौन, चुप्पी
फ़िज़ा	प्राकृतिक सौंदर्य, वातावरण
शफ़्फ़ाफ	स्वच्छ, निर्मल
क़तार	पंक्ति, पाँति
ताबाँ	उज्ज्वल
खुनुक	हल्की ठंडक, शीतल
समाँ	दृश्य
बेपनाह	बेहद
जाहो जलाल	शानोशोकत
मुनव्वर	प्रकाशमान
महवेमन्ज़र	दृश्य मे खोया हुआ
दस्तेशिफ़ा	आर्शीवाद
बख़्श	माफ़ करना, दान देना
पाकीज़गी	पवित्रता
जज़्बात	संवेदनाएँ, भावनाएँ
दामन	वस्त्र का किनारा
वुजूद	अस्तित्व
बुलंदीयाँ	ऊँचाइयाँ

सामरी घड़ी

सामरी घड़ी	जादू भरा पल
बॉज, चीड	पहाड़ों के प्रसिद्ध पेड़,
देवदार, चिनार	पहाड़ों के पेड़
ज़ानुए कोह	पहाड़ का बदन
तिलिस्मात	मायाजाल
अल्फ़ाज़	बहुत से शब्द
बेकल	परेशान
लौहो कलम	तख्ती ओर कलम
शदीद	प्रचंड, तीव्र, तेज़
हाजत	ज़रूरत
गुफ़्तार	वार्तालाप, बात-चीत
तारी	छाया हुआ
सहर	जादूगरी, इंद्रजाल
फ़र्ण	पहाड़ का एक पौधा
सब्ज़	हरा
कोहसार	पहाड़ो का सिलसिला, पर्वतमाला
नवा	आवाज़

हम और तुम

ग़र्क	पानी में डुब जाना, निमग्न,
पुर असरार	भेद, राज़
हसरत	इच्छा, चाहना
आब्जु	नहर
रा'ना	सुंदर, रुपवान्

क़त्रह बूंद
शबनम ओस
मुजस्सम साकार, सम्मपूर्ण, सदेह
हुस्न सुंदरता
तश्बीह उपमा
कामिल संपूर्ण, पूरा
तक्मील पूर्ती, समाप्ति

वक़्त और ज़िंदगी

मुबहम अस्पष्ट
खुद आराई खुदका,
स्वयं का बनाव – सिंगार
आबे ख़ाँ बहता पानी
रफ्ता धीरे
उमंग उत्साह
परतव प्रतिबिंब, छाया
शफ़्फ़ाफ़ साफ़, निर्मल
ख़िल्वतगाह अकेले में रहने की जगह
बेनक़ाब चेहरे से पर्दा उठा हुआ
वलवले उत्साह
रास आए माफ़िक़ आना, ठोक होना
हक़ीक़त सत्य
तसल्सुल निरंतरता, लगातारपन
अक्स प्रतिबिंब
मुती कब्जे में
क़त्रे बूंदे
सरशारे हुस्न छलकती हुई सुंदरता
रुखसार गाल

शीशे की दीवार

नशेब नीची जगह
वादिय दून देहरादून की वादी
ख़ुफया गुप्त
हुरुफ़ अक्षर
सागर समुद्र
तनहाई अकेलापन

इनक़लाब का चेहरा–काबुल–१९७३

अजनबी अपरिचित, अनजान
क़स्र महल
फ़र्सूदा उदास, खिन्न
फ़सील चहारादीवारी
ऐवान महल, भवन
यास निराशा
पामाल दुर्दशाग्रस्त, रौंदा हुआ
शिकस्ता खंडित, हारा हुआ
दिलगीर दुःखित
बेहिस चेतनाशून्य,
जिसमें स्वाभिमान न हो
मुक़फ़्फ़ल जिसमें ताला पड़ा हो, यंत्रित
चिरागाँ दीपकों सा दमकता हुआ
रविश राह, रास्ता
लालाज़ार बागीचा
कफ़न मुर्दे को दिया जाने वाला कपड़ा
ग़मगीन संतप्त, दुःखित
सरगोशी कानाफूँसी,
चुपके चुपके बात करना
वारदात घटना
मलंग निश्चिंत व्यक्ति, चिंतामुक्त
वालेहाना प्रेमपूर्वक, प्रेमियों जेसा
कमसिन कम आयुवाला, अवयस्क
राहगीर रास्ता चलने वाला

इनक़लाब का चेहरा–काबुल–१९७८

पहर समय का एक हिस्सा
पैरहन बस्त्र
ख़ौफ़ज़दा भयभीत, डरा हुआ
बरहेना नंगा
हवा बरदोश हवा के कांधे पर सवार
रेज़ा ज़र्रा
नवा आवाज़
शिगाफ़ दरार
मुकम्मल पूरा
नागेहानी आकस्मिक,
इत्त्फ़ाक़ी, अचानक
हैबत डर
हलाक क़त्ल
बशर मनुष्य, आदमी
क़स्रे सद्र राष्ट्रपति का महल
बालाहिसार काबुल में एक जगह
हमराह साथ में
सद्रेरियासत राष्ट्रपचि
हलाक वधित, खून हो जाना,
मर जाना
दह्शत भय
वबा फैलने वाली बीमारी
सरहंग एक प्रसिद्ध गाना गाने वाले
अफगान का नाम
मुक़फ़्फ़ल यंत्रित, जिसमें ताला पड़ा हो

तहरीक प्रस्तावना, आंदोलन
रहगुज़र रास्ता
मलबूस पहने हुए

मेहर मेहरबानी
आबरू इज़्ज़त, प्रतिष्ठा, सतीत्व
गुदाज़ नर्मी

इनक़लाब का चेहरा – काबुल – २००२

आग़ोश गोद, अंक
सुर्ख़ीमायल लाल रंग की तरह
मुहासरा फौज का चारों तरफ से घेरना
सिपह सेना, बल, फौज
आहोज़ारी रोना–धोना, विलाप
गुलगुला शोर, हर्षध्वनी
पनाहगुज़ीं प्राण रक्षा किए हुए
क़दी शताब्दी
रफता रफता धीरे–धीरे
बेद बेंत का पेड़
तवाना मज़बूत
लबे आबजू नहर के किनारे
नर्गिस एक फूल, आँख
रूपोश छुपना
ऊदी बैंगनी रंग
बाज़ गशत गूंज
सदक़े दान करने के बिए सिर पर से उतारना
जाबिर अत्याचारी, अनीतिकर
ख़ुला अन्तरिक्ष
मक़सूद उद्देश्य, आशय
शिद्दत किसी चीज़ की हद
अस्लिा अस्त्र–शस्त्र, हथियार
परचम झंडा
जज़्ब एक में समाया हुआ
परागंदा अस्त–व्यस्त, तितर बितर
हर आन हर वक़्त
तशद्दुद मार पीट करना
इम्काँ मुम्किन होना
ख़ूँरैजी हत्या करना, खून बहाना
सूली फांसी
राहत प्रसंग की प्रबल इच्छा, आराम
गरेबाँ कपड़े का वह हिस्सा जो गर्दन के नीचे रहता है ।
मूजिद नई बात पैदा करने वाला
गुनाह पाप
हिजाब पर्दा
क़ियादत नेतृत्व, मार्गदर्शन
महरूम असफल, जिसे न मिला हो
शफ़क़त कृपा

जंगे ख़लीज

ख़लीज खाड़ी
नेज़ा भाला, शंकु
शमशीर तलवार
जिराबख़्तर वह वस्त्र जो जंग के वक़्त पहनते है । लोहे का कपड़ा
सिपर ढाल
अलम झंडा, ध्वजा
अलम बरदार झंडा उठाने वाला
जश्न खुशी मनाना, समारोह
पैग़ामे–फ़ना मौत का संदेश
आतशी अग्निमय, अग्निवर्ण
कज़ाबरदार मृत्यु लाने वाला
गुल करना बुझाना
परचम झंडा
फ़तेह जीत
गेसू सर के बाल
गेती जगत
पैवस्त मिला हुआ, जुड़ा हुआ
जांबाज़ प्राणदाता, बहादुर
ख़ार काँटा
क़तार पंक्ति
चाक फटा हुआ, दरार
रूह आत्मा
शिगाफ़ दरार
रफूगर रफू का काम करने वाला

खोखले कर्म

वुजूद अस्तित्व
मेहवर वह स्थान जिसके हर्द–गिर्द चीज़ें धुमती हों
नक़्शे क़दम पाँव का निशान, पद–चिह्न

आईशा

ऊदा बैंगनी रंग
मलबूस बस्त्र पहने हुए
नौख़ेज़ नवांकुरित, कम उम्र का

शराबोर पूरी तरह से भीगा हुआ
हल्क़ा गोला
हाशियए किनारे की जगह
सुकून चैन
तन्हा अकेला
कशमकश खींचातानी
अन्देशा शंका
मुऐ बदन बदन का बाल (रौआं)
रूह आत्मा
अमन शांति
लम्स सहलाना
इम्काँ सम्भव
तक्मील सम्पन्नता
नग़मासरा अच्छी आवाज़ से गाने वाला
रक़्सां नाचता हुआ

सैन ड्रियोगो

खुद्दार स्वाभिमानी
हसद परवर ईर्शा करने वाला
रब्त मेल-मिलाप
रवानी बहना
ह्यात जीवन

२

काशानये ह्यात जीवन का महल
गोशा कोना
क़वाईद क़ायदे
तनज़ीम संगठन

शबनम

क़त्रा बुँद
शबनम ओस
शब रात
तारीकी अंधेरा
मनसूबा योजाना
गहवारा पालना, हिंडोला
शुऊर बुद्धि
महफूज़ सुरक्षित
ख़ुला खालीपन
भरम धोका
अना अव्य
शफ़्फ़ाफ़ बहुत साफ
दोशीज़गी कुमारपन
मेती जगत
नौ नया

रा'नाइयाँ खूबसूरती
शजर पेड़
क़ौसे क़ज़ह इन्द्रधनुष, धनुक
गुल फूल
बोसो किनार गले लगाकर चूमना
आशना मित्र, परिचित
निकहत खुशबू
बादे सहर प्रातः काल में चलने वाली हवा
शगुफतगी ताज़गी
दौर युग

राहरौ

राहरौ राह चलनेवाला
दश्त जंगल
वीराना उजाड़
काफिला यात्रीदल
क़यास समझ, अन्दाज़ाह
संगे मील मील का पत्थर

मैं तो वहीं था

मरमरी संगेमरमर की
अबदीयत हमेशगी
परतव प्रतिबिंब
मुजस्तमा मूर्ती
मुताबररक पवित्र
ऐवान महल
शफ़्फ़ाफ़ बहुत साफ
तश्बीह तुलना, उपमा
लहजा ब्यान करने का ढंग
मुसव्वर तस्वीर बनाने वाला
मायले परवाज़ उड़ने के आकर्षित
स़ोहबत मिल बैठना
मेह्राब कमान की तरह दरवाज़ा
रुख़ तरफ
पुरहिस पूरी तरह महसूस करने वाला
असासी बुनियादी
हम आहंग एक आवाज़
मुश्तरका मिला-जुला, साम्य
सोज़ोसुर जज़्बात की नर्मी के साथ सुर
तिश्ना लब प्यासा
ज़ियारत तीर्थ यात्रा, दर्शन
हवासे ख़म्सा पाँचो इन्दियाँ
मुक़फ़्फ़ल जिसमें ताला लगा हो
ज़ेरे ज़ब्त सहनशीलता करते हुए
रा'नाई खूबसूरती

हरकत	हिलना
दीदएतर	रोती हुई आँख
मुज़तिर	परेशान, दुखी
बेसाख़्ता	एकदम से, अचानक
क़ुर्बानी	बलिदान
गुदाज़	नर्म, मुलायम
मसररत	खुशी
रब्त	लगाव
नग़मा	गाना
रक़म	लिखा हुआ
गुरबत ज़दा	गरीब
मुनतज़िर	इन्तज़ार करना

सरकते साऐ

महवर	धुरा, कीली जिस पर पहिया घुमता है।
नक़्शे क़दम	पैर के निशान

सयाह बरफ़

फ़ज़ा	प्राकृति सोन्द्रय
ग्रांबार	भारी
तीरा	अंधेरा
सुकुत	शांति
आमदे आफ़ताब	सुरज का आना
गुमशुदह	खोया हुआ
हलक़ों	घेरों
दरीचे	खिड़कियां